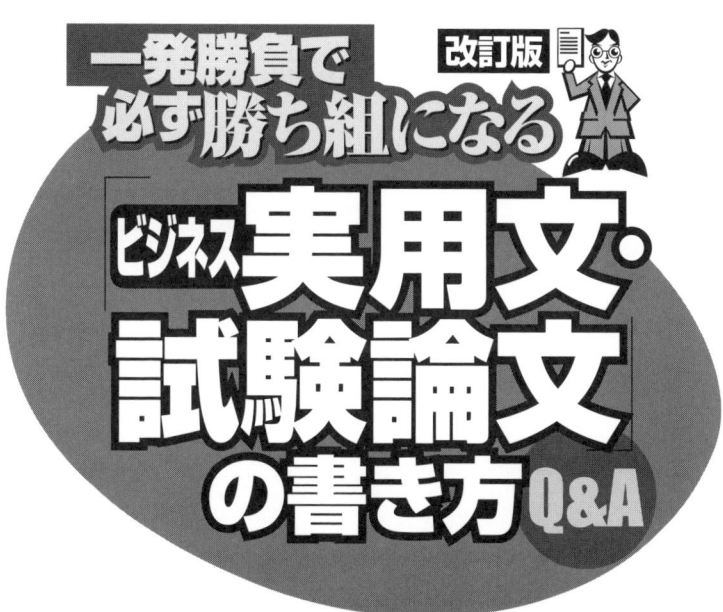

一発勝負で必ず勝ち組になる 改訂版
「ビジネス実用文・試験論文」の書き方 Q&A

WIE西早稲田教育研究所 [編著]

セルバ出版

はじめに

　ビジネスの世界では、報告書・企画書・稟議書など、実に多くの文章を書かなければなりません。この実用文の出来・不出来は、日常の業務に大きな影響を与えます。優れた実用文は、正確な情報源として、意思疎通を円滑にする手段として、組織に不可欠のツールです。だからこそ実用文の書き方は、誰もが是非ともマスターしておくべきなのです。

　また、避けられない事実として、日常の勤務態度や業務成績と並んで、皆さんが書く文章もまた、人事考課の対象になります。となれば、皆さんが現在の勤務先で昇進したいなら、実用文の書き方を学ばなければなりません。

　近年、小論文形式で昇進・昇格試験を実施する組織は、増える傾向にあります。この昇進・昇格試験の答案もまた、実用文の一種であり、その基本的性格は、日常業務の中で書く報告書や企画書と共通です。したがって、もし昇進・昇格試験の突破を目指すのなら、やはり実用文の書き方をマスターしなくてはなりません。

　では、どうすれば優れた実用文を書けるようになるのでしょうか。その第一歩は、実用文のルールを守ることです。

　実用文に限らず、文章が文章として機能するのは、書き手と読み手が、共にこのルールに沿って行動するときです。ですから、優れた実用文を書くためには、読み手との関係を考え、どのようなルールがあるのかを、絶えず意識しなければなりません。

　従来、この問題は軽視されてきました。ともすれば、読み手との関係を考えずに、よい文章とは何かという議論がされてきたのです。しかし、読み手が誰かによって、文章の評価は大きく変わります。例えば、小説のように、不特定多数向けには優れた文章であっても、実用文としては最低の評価になることは、不思議ではありません。

　問題は、企業の経営者・人事担当者が求めている実用文と、書き手である一般社員の考えている「よい文章」との間に、大きな隔たりがあることです。実際、実用文の読み手である上司や、人事担当者の考えを理解しない、いわばルール無視の実用文が、実に多いのです。

　これではせっかく苦労して書いた実用文も、期待どおりには評価されません。まして昇進試験の答案であれば、とても合格はおぼつかないことになります。

実用文の書き方を解説した書籍は、これまでにもたくさんありました。しかし、こうした書籍で勉強されたにもかかわらず、WIEの添削を利用される方が多いという事実は、必ずしもこれらの書籍が実用文作成能力の養成には、有効でなかったことを示すものだと思います。

　加えて、従来の方法のまま手間暇をかけるのは、皆さんにとって大きな負担であるばかりでなく、メンバーの実用文作成力が向上しないので、組織にとってもマイナスなのです。したがって、手法そのものに質的な転換を及ぼすことこそ、現在の急務といえるのです。

　そこで本書では、こうした企業や官公庁など、組織の中で必要とされる文章＝実用文の書き方を解説しました。

　本書は、読む側・評価する側の視点に立って、書く側・評価される側である、皆さんの疑問に答えています。

　はじめに、今、ビジネスの世界で文章はどのように位置づけられているかについて考えます。続いて、求められるよい文章とはなにか、また皆さんの文章にはどのような問題があるか、分析します。さらに、よい文章を書くためにはどうすればよいか、具体的に文章を書く際の注意事項を含め、順を追って説明します。また、最後に演習問題に挑戦していただき、実際に書く練習ができるようにしてあります。

　本書を活用することで、皆さんが必要な文章作成能力を身につけていただき、将来を切り拓いていただくきっかけになれば幸いです。

　　平成20年10月

　　　　　　　　　　　　　　　　　　　　　　　WIE西早稲田教育研究所

改訂版 一発勝負で必ず勝ち組になる
「ビジネス実用文・試験論文」の書き方Q&A　目　次

はじめに

❶ いま文章の書き方が問われるのはなぜ

- Q 1　そもそも文章を書かせるわけは ………………………… 12
- Q 2　昇進昇格のペーパーテストってねらいはなに ……… 16
- Q 3　紙切れ１枚で能力の評価ができるってホント ……… 18
- Q 4　一発勝負で将来を決めるのってなぜ …………………… 21
- Q 5　昇進試験の問題の作成と採点のしかたは …………… 23
- Q 6　昇進試験の答案と日常業務で書く文章の違いは …… 25

❷ 実用文ってどういう文章のこと

- Q 7　実用文ってなに・必要な条件は ………………………… 28
- Q 8　自分の考えを自由に書けばいいってホント ………… 31
- Q 9　国語が得意な人は心配しなくていいってホント …… 34
- Q10　実用文をうまく書くコツは ……………………………… 36
- Q11　視点・自説・論証など難しげな言葉の意味は ………… 40
- Q12　論証には理屈が重要ってホント ………………………… 43

❸ あなたの文章が評価されないときの理由・原因は

- Q13 書けといわれても書くことが見つからないときは ………… 46
- Q14 「意味不明、日本語になっていない」といわれたときのいけない点は ………… 48
- Q15 「これじゃ答えになっていないよ」といわれたときのいけない点は ………… 50
- Q16 「君自身の考えを書いてくれ」といわれるときのいけない点は ………… 53
- Q17 「実現性が疑わしい」と評価されたけど将来の実現性の示し方は ………… 55
- Q18 しっかり対応すると提案したのに「具体的な提案がない」との評価のわけは ………… 58
- Q19 「事例がピント外れ」と評価されたわけは ………… 60
- Q20 「話にまとまりがない」といわれたときの原因は …… 62
- Q21 「同じ話を繰り返しているだけだ」という評価のときの対策は ………… 65
- Q22 「つまらないね」と一言で否定されたときの対策は ………… 67
- Q23 「どこかで聞いた話だよ」と評価されたときの対策は ………… 70
- Q24 「仕事を馬鹿にしているのか」と叱られたわけは …… 72

- Q 25 「協調性がない」と評価されたけど文章にも協調性は必要ってホント ……………………… 74
- Q 26 やる気を強調したはずなのに「熱意が感じられない」といわれたときのいけない点は ……… 77
- Q 27 「人の上に立つ器ではない」という評価の真意は …… 79

❹ よい文章を書くために日常心掛けておきたいことは

- Q 28 実用文の材料の集め方は ……………………… 82
- Q 29 いざとなると書くことが出てこないのはなぜ …… 85
- Q 30 書くことがいつも同じになってしまうときは …… 88
- Q 31 文例集や先輩・同僚の模範解答の使い方は ………… 90
- Q 32 うまくなるにはたくさん書いてみるしかないってホント ……………………………………………… 92
- Q 33 日記やブログを書く習慣をつけて練習する方法は ……………………………………………… 94
- Q 34 昇進試験の過去問に挑戦して我ながら上出来のときの首尾は ……………………………………… 96

❺ いよいよ書かなければならないときの心得は

- Q 35 書くにあたって最初に手をつけるのは ……………… 102

Q36　与えられた資料や課題文の使い方がわからない
　　　ときは …………………………………………………… 105
Q37　自分の見解や意見がまとまらないときは ………… 107
Q38　どうしても独自の見解が出てこないときは ……… 110
Q39　会社や上司の方針に反対のときの書き方は ……… 112
Q40　会社や上司を持ち上げたほうがいいってホント … 114
Q41　論証に使える事例ってどれのこと ………………… 116
Q42　立派な体験がないときは …………………………… 119
Q43　事例は多ければ多いほどいいってホント ………… 121
Q44　自説と視点を論証する論拠が見つかれば、あと
　　　は書くだけでいい ………………………………… 123
Q45　書出しが見つからないときは ……………………… 127
Q46　たくさん思い浮かぶ視点・事例の整理のしかたは … 130
Q47　わかりやすく構成するために項目ごとに見出し
　　　をつけるのは ……………………………………… 132
Q48　箇条書にするとわかりやすいってホント ………… 134
Q49　規定字数を守れないときの方法は ………………… 136
Q50　文章がブツ切れになってつながらないときは …… 138
Q51　段落の長さがまちまちで我ながら読みにくい
　　　ときは ……………………………………………… 141
Q52　最後になっても結論らしい結論が書けない
　　　ときは ……………………………………………… 143
Q53　文章の締めくくり方は ……………………………… 145

Q54　表題や見出しのつけ方は …………………………… 147
Q55　書くのに時間が掛かって困ったときの乗切り
　　　方は ……………………………………………………… 149

6 書きながら注意すべきことは

Q56　原稿用紙の使い方は ……………………………………… 152
Q57　「です・ます」調か「だ・である」調や敬語の
　　　使い方は ………………………………………………… 155
Q58　自説と他人の意見が混ざってしまったときは …… 157
Q59　1つの文が長くなるときは …………………………… 159
Q60　複雑なことを正確に書くには多くの言葉が
　　　必要ってホント ………………………………………… 161
Q61　使ってはいけない言葉があるってどんなとき …… 163
Q62　短く書くためには略語を使うのが有効って
　　　ホント ……………………………………………………… 165
Q63　業務知識の深さを示すには専門用語を積極的に
　　　使えってホント ………………………………………… 167
Q64　強調したい箇所では反語や体言止めなど言い
　　　回しが大切なのでは …………………………………… 170
Q65　強調したい語は繰り返し使えばいいってホント …… 172
Q66　読点（、）の打ち方は ……………………………………… 174
Q67　カッコなどの使い方は …………………………………… 176

Q68　文字はきれいに書かなければならないってなぜ …… 178

7　例題に挑戦してみよう

Q69　事実を正確に、しかも面識のない人にも理解で
　　　きる文章の書き方は …………………………………… 182
Q70　報告だけではなく提案や企画を含む文章の書き
　　　方は ……………………………………………………… 189
Q71　日常的な業務から論点が指定された昇進・昇格
　　　試験の答案の書き方は ………………………………… 198
Q72　会社全体の環境や会社の方針をからめた昇進・
　　　昇格試験の答案の書き方は …………………………… 206

8　さらなる学習のために

Q73　添削という方法は ……………………………………… 214
Q74　文章能力を高めれば、業務能力も高まるって
　　　ホント …………………………………………………… 216
Q75　WIEの添削の利用方法は …………………………… 221

コラム

言葉は万能ではないが…・118
書き進める上でのチェックポイント・180
実用文の書き方を学ぶための図書ガイド・223

 いま文章の書き方が問われるのはなぜ

　組織の中で、どうしてこんなにたくさん文章を書かなければならないのか。それは、現在の日本企業が直面している状況に原因があります。
　まずは、文章を書かなければならない理由を知っておきましょう。

 そもそも文章を書かせるわけは

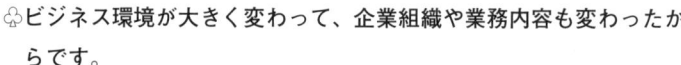

♧ビジネス環境が大きく変わって、企業組織や業務内容も変わったからです。
♧コミュニケーションツールとして文章が重視されています。

♣以前はこんなにたくさん文章を書く必要はなかった

皆さんは、日常業務の中でどのような文章を書かなければならないでしょうか。もちろん、勤め先の会社や部署によって、その種類は異なるでしょう。一般的には、業務に関する報告書、新規の企画書や提案書、プレゼン用の資料、さらには稟議書や事故・失敗に関する始末書などといったところでしょう。

しかし、企業で働く皆さんが、こんなにたくさん文章を書くようになったのは、実は最近のことなのです。例えば、高度経済成長期では、会社の将来を決めるような大きな提案をするときの企画書や、大失敗をしたときの始末書を書くぐらいでした。それほど文章を書くということは、ビジネスパーソンにとって特殊なことだったのです。

しかし今では、上記のようなたくさんの文章を書かなければなりません。では、この状況は一時的なものでしょうか。そうなら、なにも文章力を磨くために、時間を取ることはありません。しかしどうやら、この変化は一時的なものではなさそうです。というのは、ビジネスを取り巻く環境が、ここ最近で大きく変わったからです。

この変化が続く限り、本書をお読みになっている皆さんは、文章を書くことから逃れられそうにありません。その理由を、もう少し詳しく考えてみましょう。

♣ビジネス環境は大きく変わっている

ビジネス環境の変動が、今いかに激しくなっているかを理解するためには、身の回りのちょっとした変化を考えるとよいでしょう。例えば、電話機です。現在は、携帯電話を含め、プッシュフォン式ばかりで、ダイヤル式の電話機

は見かけなくなりました。ただし、この交代には、20年近くの時間がかかりました。

それに引き替え、携帯電話が登場してからの20年の変化はどうでしょう。音声伝達といった基本機能だけではなく、文字や画像、さらには動画まで送受信が可能です。手のひらサイズの機械の中に、今や電話・ワープロ・カメラ・テレビといった機能が盛り込まれているのです（図表１）。

【図表１　20年間の電話の変化】

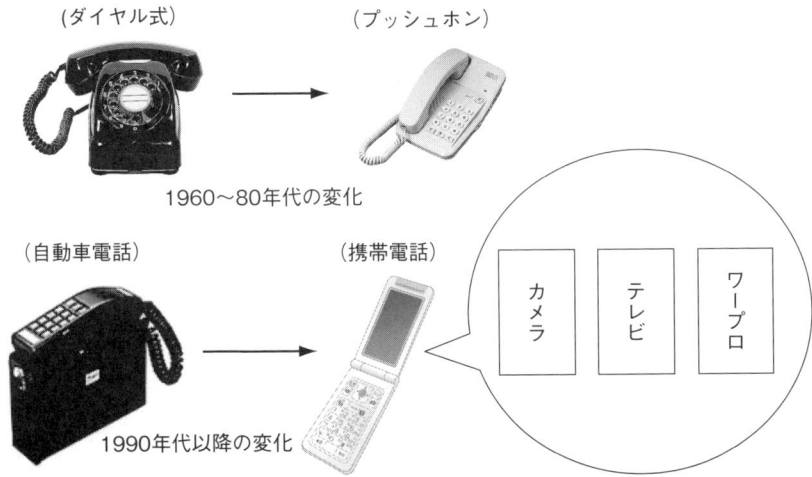

このように、企業の提供する商品やサービスの変化は、激しくなっています。このため企業で働く人たちは、絶えず正確に情勢を把握しなければ変化についていけず、ビジネスチャンスを逃してしまいます。その結果、収集し、整理しなければならない情報は、膨大な量になっています。しかも、こうした情報は、誰かに伝えなければ意味がありません。

伝えるといっても、従来のように以心伝心でわかってもらう、口頭で伝えるといった方法では、伝達できる情報量は限られ、しかもすぐに忘れられ、不正確になりがちです。しかし、文章ならば、大量の情報を伝えることができますし、正確な情報をいつまでも、保存しておくことができます。

ですから、文章を用いたコミュニケーションが、ますます重要視されるようになったのです。しかも、今の状況を見れば、この傾向が加速することはあっても、緩やかになるとは考えられません。

♣企業の組織や対人関係も変わっている

このようなビジネスの環境変化は、組織の中で働く皆さんに、どのような

【図表2　必要な情報の流れ】

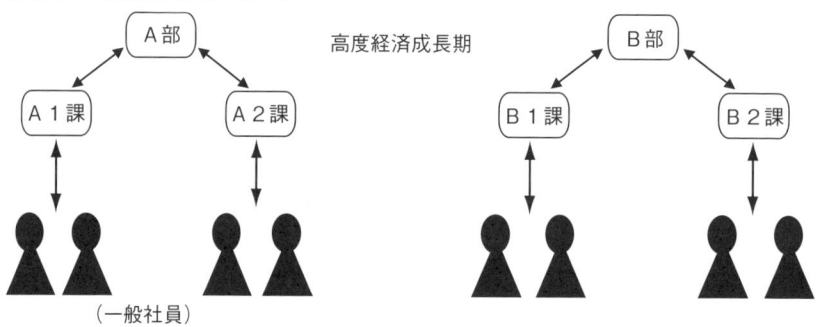

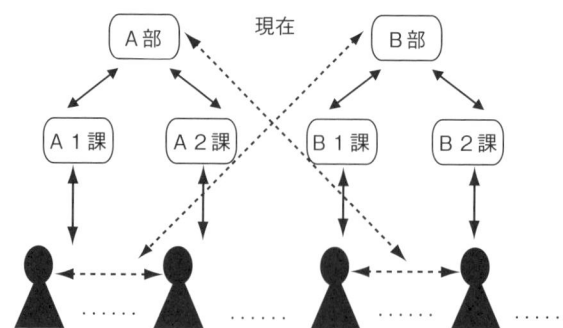

影響を与えるのでしょうか。

　まず、異なる各部署の相互連携が、非常に重要になってきます。

　例えば、次々に新商品が開発されるのですから、営業部門も開発部門の動向を把握していなければなりません。逆に、開発部門も、営業部門に集まるお客様の要望を無視できません。自分が所属する部署の殻に閉じこもっていたのでは、よい仕事はできません。

　かつては、自分の直属の上司・部下の間で連絡を取っていれば、仕事はできました。しかし、現在では、報告であれ企画提案であれ、他部署とも連絡を取る必要がありますから、伝えたい内容が他部署の人にもわかるようにしなければなりません。

　さらに、人事異動も、業務の枠組みを越えるようになりました。同じ部署に属していても、例えば営業部門出身の上司に、開発部門を歩んできた部下が、新商品の開発について報告や提案をするケースが増えています。もっと大きな視点に立つなら、企業の枠さえ超えて、自社とは全く異質な他社と提携する必要も出てきます（図表2）。

この状況で、どうすれば、正確かつ迅速に情報が共有できるでしょうか。それを皆さんの上司は、図表3のように考えています。

【図表3　本部長の悩み】

> 私の部署には30代のSEがいるのですが、彼らはそれぞれ担当するお客様が決まると、しばらくは掛かりきりになります。2・3か月も本社に出勤してきません。
> そこで、会社との連絡は報告書が中心になるのですが、これが意味不明で、全く役に立たないのです。そのため、必要なアドバイスができません。さらに困ったことには、個々のSEがどのような方法でお客様の要望に応えているのかわからないのです。
> このため、せっかく試行錯誤して見つけ出した解決策を、他のお客様に提案できません。さらに、営業部が新規のオファーを受けても、SE側の技術力がわからず、適切な見積りができないのです。さらには新人への指導も、一緒になった先輩SEに任せるしかなく、会社全体としての経験が蓄積されないのです。
> （ITシステム会社　Aソリューション事業本部長様）

WIEは、図表3のようなご相談を、多くの企業からいただき、しかもその頻度は増えています。それほどまでに、わかりやすく文章化することの必要性が、ビジネスの場では常識となりつつあることがおわかりでしょうか。

♣よい文章を書くことはビジネスの世界で成功する必要条件

今や社員に文章を書く能力がなければ、企業は生き残れないといってよいでしょう。したがって、企業は、ますます情報を文章にまとめ、提出するよう求めてきます。これを働く人の側から見れば、組織の中でよい仕事をし、責任ある立場に立つためには、文章を書く能力が不可欠になったということです。

しかし、これは皆さんにとって、悲観すべき状況ではありません。皆さんも経験されたかもしれませんが、組織の中で、自分に最適な部署に配属されるとは限りません。

また、よい上司や同僚に恵まれるとも限りません。

さらには、自分の能力や努力が正しく評価されていないとお感じの方も少なくないはずです。

そのとき、文章を書く能力は、突破口になるのです。それは、普段の皆さんとは別の能力を発揮し、他の部署の人に評価してもらうチャンスを与えてくれるのです。

ですから、文章を書く能力を高め、さらにはこれを武器にして、ビジネスの世界での成功を、是非皆さんに、勝ち取っていただきたいのです。

Q2 昇進昇格のペーパーテストってねらいはなに

Answer Point

♣新しい昇進・昇格制度が広まっています。
♣ペーパーテストによって公平に能力を評価します。

♣年功序列型人事の限界

　昇進試験とは、社員の能力を測り、その能力に相応しい地位を与えるためのものです。高度成長期には、この人材登用に関して、ペーパーテストはないか、仮にあっても形式的なもので、あまり重視されていませんでした。

　また、まじめに業務をこなしていれば、昇進・昇格の機会は自然に訪れました。仕事に就いてある期間が過ぎると、「今度、君には係長になってもらおうと思うのだが、どうかね」などと、上司に声を掛けられるのが一般的でした。いわゆる年功序列です。

　もちろん、こうした年功序列の昇進システムでも、昇進の早い・遅いはありました。その点では、能力評価が全くなかったわけではありません。直属の上司が日常の勤務態度を、人事担当者に報告し、それがさらに経営陣に伝えられて、昇進させるかどうかが判断されました。

　今でも、このような評価方法がなくなったわけではありません。しかし、これだけでは、企業の人事評価は不十分になったのです。なぜかといえば、先に触れた企業の業務内容や組織の変化があったからです。

　例えば、ある部署の業務は絶えず変わります。それゆえに、ある仕事を無難にこなせても、別の仕事で指導力を発揮できるとは限りません。まして中途入社者を始め、ひとりの社員が同じ職場にいる期間が短くなっていますから、一定の業務に長期間従事した年功では、昇進・昇格を決めることはできなくなっているのです（図表4）。

♣新しい人事制度というのは

　年功序列に代わって、現在主流になっているのは、能力評価による人事です。これなら、中途入社などで勤続年数が短くても、企業はその能力に応じたポストを与えることができ、人材を有効に活用できます。

【図表4　昇進・昇格のシステム】

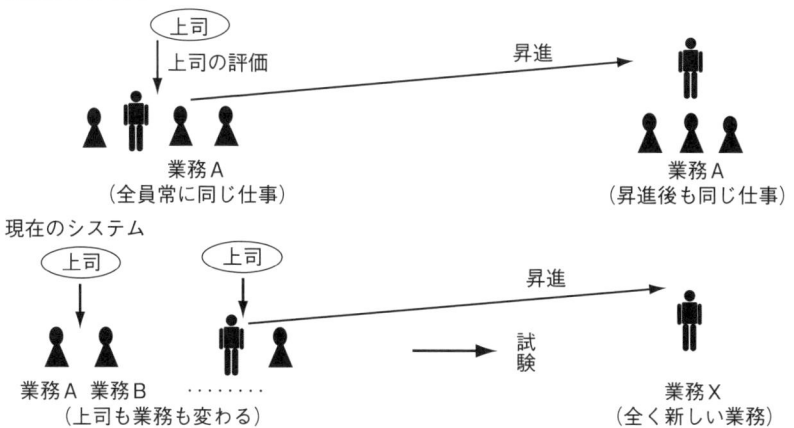

　さらに最近では、企業合併によって、異なる経歴をもつ人々が、同じ業務に就くことがありますし、企業の組織改編も頻繁に行われるようになっています。加えて、今までの部署が他と統合されたり、逆にいろいろな部署から人材を集めて、全く新しい組織を立ち上げることも珍しくありません。

　ですから、人事運用で今求められているのは、こうした変化に対応できる人材の選別なのです。そのためには、現在の業務態度を評価するだけでは、正確な判断はできません。むしろ、今後の事態を想定した試験問題を作成し、それに答えさせることで、社員の能力を評価する必要があります。

♣多様な人たちに公平な機会を与える

　だからこそ、直属の上司による日常業務への評価は、無視されることはないものの、かつてのように唯一の判断材料ではなくなりました。そして企業は、その将来設計のため、ペーパーテストによる人材登用を必要としているのです。

　この能力評価は、公平でなければなりません。部署によって仕事の質や量が違うからです。例えば、残業をこなした量で評価しては、公平な評価は難しくなります。なぜかといえば、もともと業務量が少ない部署があったり、無駄な残業をしないように部署全体で努力しているところもあるからです。

　企業もまた、公平な試験で、確実な人材登用をしたいと願っています。それだけに、各自の業務から中立で、しかも同じ条件で実施できるペーパーテストは、企業にとって非常に魅力的なのです。

Q3 紙切れ1枚で能力の評価ができるってホント

Answer Point

♣ 少なくとも、昇進・昇格に必要な能力は測定可能です。
♣ むしろ、これ以外の方法で評価するほうが難しいでしょう。

♣ **全人格を評価しようとしているのではない**

　企業の求めに応じて、試験問題を提供している側として、可能だと断言できます。まず、押さえていただきたいのは、昇進・昇格試験に限らず、試験には目的があるということです。したがって、その目的以外のことは測定も評価もしないし、できもしないのです。

　皆さんも、学生時代にはさんざんペーパーテストを受けたことでしょう。そこでは、その時点での学生の能力、つまり試験までに学んだ知識の修得度が問われます。また、その知識を応用して、与えられた課題を解決するというものもありました。この試験の結果によって、進学や進級など学生の処遇が決まったわけです。

　しかし、この試験で、受験者の全能力を測定しているわけではありません。測ったのは、ある分野の学力であって、それ以外ではありません。気くばりや熱意といった、人として好ましい他の側面までを評価したわけではないのです。例えば、ボランティアをしている、友達から信頼されている、といった側面は、全く評価の対象になっていません。

　企業の昇進試験でも、事情は全く同じです。昇進する、すなわち管理職になるための条件は限られています。この能力をみるためには、これまでみてきたように、ペーパーテストが最適であり、それで十分なのです。

　ただ、学生時代の試験と少し異なるのは、今までやってきたことだけでなく、まだ発揮したことのない、管理職としての能力を測定しなければならないことです。

♣ **昇進・昇格試験で評価される能力というのは**

　その能力とは、管理職に特有の能力です。管理職は、今まで個人としてやってきた業務だけではなく、部下の指導と部署全体の業績向上に責任をもたな

ければなりません。そのためには、考える力・知識の力・意志の力の3つが必要になります。

　考える力がなければ、部署の役割や課題を理解し、なにをなすべきか決めることはできません。

　また、業務に関する知識がなければ、部下に具体的な指示を与えられません。さらに、困難を克服し目標を達成するためには、ねばり強い意志の力が必要です（図表5）。

【図表5　管理職に求められる能力】
●一般社員

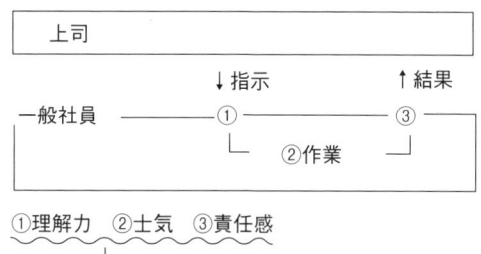

●管理職

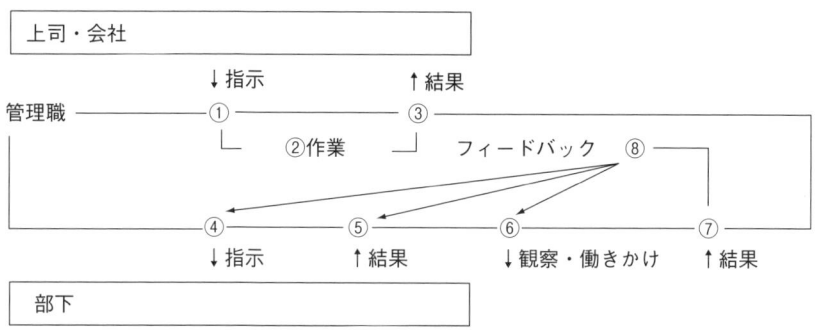

　一般社員としての日常業務の中では、これらの能力をバランスよく発揮する機会は、なかなかありません。そこで、管理職として必要な能力を評価するために、試験が必要になるのです。しかも、無制限に時間を使うわけにはいきませんので、候補者全員が一斉に受験するペーパーテストが主流になるわけです。

♣客観的に計測するための試験制度

　ペーパーテストは、これ以外にも優れた点があります。それは、客観的で公平な評価ができるということです。日常業務の観察だけでは、どうしても観察者（上司）の主観が入ります。あまり考えたくないことですが、依怙贔屓(えこひいき)になる可能性も少なくありません。

　また、普段面識のない人を交えた面接でも、面接担当者によって質問のニュアンスが違います。さらに同じ答えに対して抱く印象や評価も、面接担当者によって大きく違います。

　しかしペーパーテストは、受験者全員に同一の課題を与え、同じ条件で答案を書かせます。これなら、こうした不公平のリスクはずっと少なくなります。昇進・昇格させる企業側としては、管理職に相応しい人材をもれなく合格させ、逆に不適格者が混じらないようにしたいのですから、このようにペーパーテストが重視されるという傾向は、今後も続くことでしょう。

　WIEが技術提供させていただいた、あるリーディングカンパニーがよい例です。競争の激化にともない、その企業は昇進システムを変えましたが、そこで決め手となったのは文章試験です。つまり客観的な試験による選別だからこそ、時代に合った人材を確保できると企業も考えているのです。

♣ペーパーテストは受験者にもメリットがある

　しかし、これは受験者である皆さんにとって、むしろよいことなのです。お酒が好きな上司の中には、毎日仕事帰りに部下と飲みに行き、そこで重要な連絡や指示をするという人がいます。これではお酒の飲めない人や、早く帰宅しなければいけない事情のある部下は、仕事の上で冷遇されがちです。こんなことで、皆さんの管理職としての能力まで判断されたのでは、たまりません。

　しかし、ペーパーテストという公平な方法であれば、お酒が飲めないといった理由で、昇進できないということはなくなります。少なくとも、そのような不利を挽回する機会が与えられるのです。

　学生時代に試験勉強で苦しんだ思い出があるせいか、ペーパーテストというだけで拒絶反応を示す方が少なくありません。しかし、このようなペーパーテストには、出題する側だけでなく、受験される皆さんにとってもメリットがあります。

　どうか毛嫌いせず十分な準備をして、ペーパーテストという形で与えられるチャンスを逃さないようにしてください。

Q4 一発勝負で将来を決めるのってなぜ

Answer Point

♣ 一発勝負というのは誤解です。少なくとも一夜漬けは通用しません。
♣ むしろ日常の業務にまじめに取り組んでいるかが測定されています。

♣ 昇進・昇格試験に一夜漬けは効かない

　確かに、1年に1回しかない昇進・昇格試験で、皆さんの地位や仕事の内容が大きく変わってしまうのですから、なんとなく釈然としないのも当然です。しかし、昇進・昇格試験は、日常業務とは全く別のちょっとした努力や、要領のよさで乗り切れるものではありません。

　学生時代、レポート作成は徹夜ででっち上げた、あるいは定期試験は直前の勉強だけで乗り切った、そういう体験は誰にもあるでしょう。ほかならぬ筆者がそうです。しかし、そのせいか、試験は日常の努力とはあまり関係のない、なにか特殊な対策を、するかしないかで決まると考えている方がいます。

　しかし、これは全くの誤解です。学生時代の試験にしても、授業をまじめに聴いておくといった、日常の努力が大切です。まして入学試験など出題範囲の広い場合には、一夜漬けだけでは歯が立ちません。ですから、通常年1回しかチャンスのない企業の昇進試験も、長期にわたって準備をしておくことが大切なのです。

♣ 出題側は、まぐれで合格者が出ないように研究している

　ほとんどの社内試験では、直属上司からの報告も評価の材料になります。そのほかにも、いろいろ普段の勤務態度を確認する方法が併用されています。

　このように、ペーパーテスト以外の評価方法を併用することで、業務の取組みと無関係に合格者が決まることがないよう配慮されています。

　さらに試験問題そのものも、短期の学習だけでは対応できないように工夫されています。これは、Q5のところでも説明しますが、昇進試験では、会社の長期目標や業界全体の課題がよく出題されます。ゆえに、普段から自分の課題として業務をとらえていないと、答えられないのです。

　また、答案では、日常業務に触れざるを得ない場合がほとんどです。つま

り、日頃仕事にまじめに取り組んでいないと、書くことが見つからないようになっているのです。ですから、一発勝負だから、その場だけのがんばりで大丈夫だと考えていると、大失敗をすることになります。

　だからといって、試験対策は全く不要というわけではありません。日常の業務だけで合否が決まるのなら、そもそも試験など必要ないからです。

　ただし、日頃からまじめに仕事をすることは、昇進・昇格試験に合格するための必須条件であることに違いはありません。

♣仮に試験に失敗しても、次の機会がある

　ここまで、昇進・昇格試験には、日頃の準備が大切だと説明しました。しかし、試験そのものが年に1回、それも1時間程度、長くても半日で終わるものだということに変わりはありません。

　その意味では、一発勝負だといえるでしょう。ここで失敗したならば、少なくともあと1年は、挽回のチャンスは来ないことになります。

　しかし、昇進・昇格試験は必ず再試験の機会が与えられます。1年目で失敗しても、2年目、3年目で合格すればよいのです。しかも、入学試験のように次の試験まで浪人することもありません。その意味では、1回の試験で皆さんの会社人生が決まってしまうわけではありません。

　さらに、昇進・昇格試験は、何段階かに分かれていますから、仮に最初の段階で昇進が遅くとも、次の段階で挽回することができるのです。例えば、係長になるのが同期より遅くても、課長試験では、先輩を追い抜くことができます。1回や2回試験で失敗しても、取り返すことができるのです（図表6）。

【図表6　はじめは昇進が遅くとも後で速くなる人も少なくない】

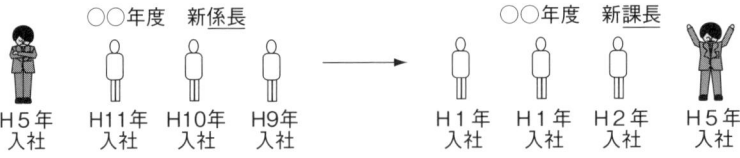

　実際、主任昇格試験・係長昇格試験・課長昇格試験と、何回もWIEの添削を利用されている方の中には、このような体験をされた方も少なくありません。

　このように考えれば、なにも一発勝負だからといって、逃げ腰になることはありません。しかし同時に、次があるからといって、試験準備をおろそかにしてはいけません。たとえ今年の試験に失敗しても、それまでに努力してきたことは、必ず次回の試験に役立つのです。せっかくの公平な機会を生かしてはどうでしょうか。

 # Q5 昇進試験の問題の作成と採点のしかたは

Answer Point

- 各企業のおかれた環境と、受験者に期待する能力を基準に問題を作成しています。
- 慎重に検討した基準に基づき、厳正に採点しています。

♣問題は出題側が欲しい能力をみるように作成される

　これまで昇進試験の問題は、企業の人事部などが独自に作成するのが一般的でした。しかし、現在では、WIEのような業者に外注する例が増えています。これは、採点・評価についても同様です。

　ただ、いずれにしても、これらの作業は、皆さんが想像している以上に慎重に行われています。ご参考までに、WIEがどのように問題を作成しているか、簡単にご紹介しましょう。

　まず、どのような方を受験対象としているのか、どのような能力をみたいのか、といった点について、依頼側と綿密に打合せします。

　例えば、昇進試験を受けるのは初めてという方が対象の場合、出題テーマは、各受験者の日常業務が中心になります。これが、部長クラスへの昇進試験であれば、全社的な課題に対する理解と提案を問うことになります。このように、昇進後に要求されるそれぞれの能力に応じた問題を作成しているのです。

♣その時点での企業の課題も重視される

　また、その時点で企業側がなにを重視しているかによっても、出題は変わってきます。売上増を目指すのか、それとも収益率の向上なのか、また最近では、CSR・コンプライアンスなど、企業の社会的な評価に関わる視点も出題されています。

　この事情は、採点基準を決める場合でも同じです。すなわち、問題の作成時に重視した能力については、配点が高くなります。もちろん、Q3で述べた考える力・知識の力・意志の力の3つが問われるという基本は変わりませんが、受験対象や企業がその時点で抱えている課題によって、どのような問題を作成し、どのような基準で採点するかを決めているのです（図表7）。

【図表7　昇進試験の出題は受験者になにを求めるかで大きく変わる】

| あなたの業務で・・・ | | 現在我が社をめぐる環境 | |

若手社員

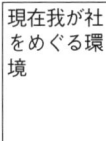

中堅社員

♣採点は厳正で、依怙贔屓(えこひいき)の入る余地はない

　問題の作成過程より、実際の採点がどの程度厳正に行われているか、不安に思われる方も多いでしょう。しかし、これは、受験される皆さんが考えているよりもはるかに厳格です。

　ある医薬品会社の営業部員に対する昇進試験をお手伝いしたときのことです。採点した答案をお客様の人事部まで持参して、全般的な傾向などを報告しました。一通り話が終わったところで、担当のB人事課長から、「時に、C君の答案はどうでしたか」とご質問をいただきました。

　残念ながらCさんの答案は、「医薬品をめぐる環境変化に対して、どのような対応を取るべきか」という主旨の出題に対して、全く見当外れのものでした。というのも、Cさん自身がいかに苦労して大口の契約を取ったか、という事例が延々と述べられていたからです。

　この答案からは、Cさんの努力が読み取れ、また国語的な誤りもあまりありませんでした。しかし、問われたことに答えていませんので、評価としては極めて低いものになりました。

　Cさんを案じたB課長は、かつて営業部員だった頃、新入社員だったCさんの上司であり、すっかり意気投合したらしいのですが、だからこそ、Cさんの昇進が遅いことをずっと気にしていたのです。しかし、このように厳格な採点基準で、はっきり不合格であれば、やむを得ないとB課長は述べておられました。

　その他のお客様から伺った例からも、上司や人事部との個人的関係は、昇進試験の採点とは無関係です。もちろん、採点には上司からの人物評価も参照されますから、ペーパーテストの得点順に合格が決まらない場合もあります。ただ、WIEの知る限りでは、いずれの企業もほぼ試験の順位通りに昇進を決めています。

　それだけ、各企業とも出題と採点基準を慎重に検討しており、またその結果に対して自信をもっています。ですから、少なくともペーパーテストでは、情実の入り込む余地は少ないのです。

Q6 昇進試験の答案と日常業務で書く文章の違いは

Answer Point

♧試験答案と日常書いている文章の考え方は同じです。
♧日常業務の意味を考えることが、最も有効な試験対策になります。

♣昇進試験は一般論・抽象論を聞いているのではない

　昇進試験では、なにか特殊なことを書かなければならないわけではありません。日常業務とかけ離れた、業界全体の動向や世界情勢などの抽象的・一般的なテーマについて書くべきとお考えかもしれませんが、それは誤解です。

　企業が昇進試験を行うのは、優れた人材をそれに相応しい地位につけるためです。しかし、最終的な目的は、適材適所の人員配置によって、企業をさらに発展させることです。こう考えると、昇進試験で問われる内容も、ある範囲に限定されることがわかります。すなわち、企業の利益に関わる問題しか出題されない、ということです。

　したがって、皆さんの勤め先に関係しない、一般論・抽象論が出されることはほとんどありません。仮に世界経済の動向といった抽象度の高いテーマが出題されても、その中で皆さんの企業はどうなるか、所属部署はどうあるべきか、皆さんはなにをすべきかといった回答が必要になるのです。

　こうしてみると、昇進試験の答案と、日常業務で皆さんが書いている実用文とが、基本的に同じであることがわかるでしょう。逆に日常的な報告書や提案書・企画書などでも、必要に応じて、地球環境問題など抽象的・一般的問題に触れることがあります。

　このようにいかなる種類であれ、あくまで実用文を書く目的は、業務を改善し、会社の業績を向上させること、ここは共通しているのです。

♣昇進試験の特殊条件は

　昇進試験の答案と日常業務で必要な文章は、目的や考え方は共通していますが、原則として昇進試験には、字数と時間の制限があります。また、自分で資料を用意したり調査したりできず、試験場で与えられた材料だけで、文章を書かなければなりません。この点が、日常業務で書く実用文との違いです。

まず、制限字数については、全体の分量を正確に計算する必要があります。しかし、これは多かれ少なかれ、通常の実用文でも必要な配慮です。言い換えるなら、日常業務の中で少しでもよい実用文を書くように心掛けることが、最も有効な昇進試験対策になります。

次に制限時間については、素早く設問の要求＝なにを書けといわれているかを読み取り、さらに短い時間で全体の構成を考える必要もあります。

これらの作業を、限られた時間の中で誤りなくこなすためには、普段から業務とまともに向き合い、たくさんの気づきと解決策を用意しておくことが、是非とも必要になるのです。

♣日常業務との関連は

これを言い換えるなら、日常業務への取組み姿勢が、昇進試験の成否に大きく影響するということです。なぜなら先に述べたように、昇進試験では、単なる抽象論・一般論ではなく、皆さんの勤め先に関係した記述が必要だからです。むろん、そのための材料はいうまでもなく、日常業務の中にあります。

ただし、漫然と上司にいわれたことをやっているだけでは、昇進試験の材料にはなりません。自分の業務が部署全体、さらには会社全体の中でどのような意味をもつのか、考えておかなければならないのです。これは、通常の報告文などを書く際にも必要なことです（図表8）。

【図表8　日常の実用文も昇進試験の答案も基本は同じ】

さらに、こうした意味を理解し、独自の提案や解決を豊富に考えておくことも必要です。昇進試験で最も多い失敗の原因は、そもそも書くことがないからですが、こうした事前の準備が十分であれば、書く材料に不足はないはずです。"論より証拠"、通常の実用文が上手な方は、昇進試験の成績もよいようで、多くの企業の人事担当者がそう断言します。

確かに、昇進試験のために特殊な準備は必要ですが、それはせいぜい、数回添削を受けるといったものです。これほどまでに、日常業務への取組みが、最も基本的な昇進試験対策なのです。

ですから、特に自分の業務には、会社全体としてどのような意味があるのかを、普段から考えるようにしてください。

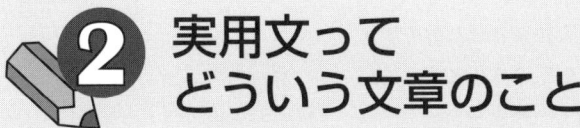

実用文ってどういう文章のこと

　実用文は、学校作文でも小説でもありません。ここでは、組織が求める文章とはなにかを分析します。ここで誤解があると、すべての努力が無駄になります。
　実用文に必要なこと、不要なことを理解しましょう。

Q7 実用文ってなに・必要な条件は

Answer Point

♣実用文は、読み手を納得させるものです。
♣そのためには、書き手の自説とその論証がなければなりません。

♣実用文というのは

ここまで、なんとなく実用文という言葉を使ってきました。ここで改めて、実用文とはなにかを考えてみましょう。

実用文は、読み手を納得させるための文章です。報告書・始末書・企画書・稟議書など、皆さんが職場で書く文章のほとんどが実用文だといえます。

もちろん、例外として年賀状などの挨拶文、お礼状など儀礼的な文章も時には業務の中で必要になります。しかし、これらは読み手を納得させ、同意してもらうためのものではありません。儀礼的な文章が文例の丸写しで十分間に合うのは、相手の同意を求めていないからなのです。

一般には、こうした儀礼的な型にはまった文章を、実用文と呼ぶ場合が多いようですが、本書では、こうした文章の書き方には触れていません。

これらの儀礼的文章はヒナ型さえあれば、誰でも苦労せずに書けますし、ビジネスの世界ではさして重要ではないからです。

♣実用文の2つの種類

この実用文は、さらに書き手の意見や見解＝自説が中心になるかどうかで、大きく2つに分けられます。自説が中心にならないものは報告文（解説文）、自説が中心になるものが論（説）文となります。

報告文とは、書き手が観察し解釈した状況を、そのまま事実として他者に理解してもらうものです。また論（説）文とは、書き手の意見をそのまま受け入れてもらうものです。つまり、業務報告などは報告文、企画提案や昇格試験の答案などは論（説）文に属します。

もちろん、業務報告の中に自分の意見を書いたり、企画提案の中にこれまでの事実関係を書く、といった中間的な例もあります。しかし、実用文を書く際には、この2つのタイプのどちらを書いているのか、意識しておく必要

があります。

　なぜなら企画書なのに、長々とこれまでの経緯が書かれているばかりで、書き手の意見が全くなくては、即座に却下されてしまうからです。

♣実用文に必要なことは

　実用文とはなにかを理解するために、ここまでに述べたもの以外は、一切実用文ではないという鉄則を肝に銘じてください。

　いかに豊富な知識がちりばめられ、読み手に感動を与えようとも、書き手の解釈や意見に同意してもらえない文章は、実用文として失格です。言い換えれば、実用文はその目的を果たすため、必須の要素とあってはならない要素があるということです。

　その必須の要素とは、書き手の解釈や意見＝自説と、自説を読み手に納得させるための論証です。つまり「事実はこうであった」「こうあるべき・こうしたい」という書き手の自説に、「なぜならこうだからだ・こういう例がある」という理由説明や事例をつけて論証するのが、実用文というわけです。

　したがって、書き手の自説とそれを読み手に納得してもらうための論証だけしかなく、それ以外の要素を一切含まない実用文が、理想の実用文だといえます。

　ここで、報告書などは、事実関係だけを書けばよいのだから、そこに自説はないのでは、と考えるかもしれません。しかし、多数の事実の中から、あるものだけを重要と断定するからには、それは自説にほかなりません。

　また、なにを結果の原因とするかも、書き手の自説にほかならず、いずれにせよ読み手の納得のため、論証は不可欠の要素なのです（図表9）。

【図表9　実用文に必要な要素】

実用文　＝　| 自説 |　＋　| 論証 |
|---|---|
| ・○○は××である。
・我が社は△△すべき。 | ・なぜなら…だから。
・〜という事例から予想される |

♣実用文に不要なことは

　逆に実用的にあってはならない無用の要素とは、なくても意味の通じる言葉、持って回った言い回し、心にもないおべっかです。さらに、どうでもいい一般論や、できもせずやる気もない「他人ごと」です。この例はあげていくときりがない（あげ過ぎた例も、また無用の要素です）のですが、要する

に自説とその論証以外のすべては、すべて無用なのです。

したがって、広く信じ込まれている誤り、すなわち格調高い言葉や言い回しこそが、優れた文章の要素であるという常識を、こと実用文に関しては、今すぐ捨ててください。

実用文は、読み手を納得させるという目的を果たせばそれでよく、よく目的を果たす実用文は、書き手が意識しなくとも、自然に格調高くなるものです。

♣無用な記述を排除することが、読み手を尊重することになる

加えて、なくても通じる言葉や内容を文章に盛り込むのは、読み手に対して失礼です。

ビジネスの場では、"時は金なり"だからです。そうでなくとも、人は仕事で他人の文章を、好んで読みはしません（読み手になったつもりで考えてください）。それなのに余計な言葉を読ませようとするのは、それだけ読み手の時間を奪い、損害を与えることを意味します。

そうはいっても、読み手には、誠実に読み取る義務がありますから、読んではくれるでしょう。しかし、それと同様に、書き手には誠実に書く義務があるのです。簡潔にまとめられ、いわゆる中味の濃い文章を書くことが、読み手に対するなによりの配慮です。

そのためには実用文でなにを書くべきか、その原則を正しく知り、その目的を正しく果たさねばなりません。その目的こそ読み手の理解や納得であり、そのための要素が、自説と論証なのです。

♣理解と納得は別のもの

学術論文では、数式や論理で自説を証明すれば、それで十分です。なぜなら、読み手が自説を理解してくれれば、受け入れてもらえるからです。

しかし、実用文はそうはいきません。「お前のいうことはもっともだが、納得できない」という状況がいくらでもあるからです。人によってなにを好むかが違う以上、納得してもらうためには、読み手がどんな人かよく知らねばなりません。

この理解ではなく納得を目的とする点が、実用文の難しいところですが、それだけによい実用文を書くためには、業務とまともに向き合い、その中で読み手＝会社や取引先がなにを考えているか、普段から情報を集めなくてはならないのです。

Q8 自分の考えを自由に書けばいいってホント

Answer Point

♧実用文は、読み手を納得させるものです。
♧絶対に必要なのは正確な事実です。さらに書き手の自説とその論証も必要です。

♣自分の考えを自由に書けばよいは最大の誤解

　自分の考えを自由に書けばよいというのは、実用文に関しては大変な誤りです。この誤解の背景には、小学校以来の国語教育、特に作文の授業があるようです。

　例えば、自由作文の場合には、思ったことをなんでも自由にのびのびと書きなさい、と指導され、読書感想文のように材料が与えられる場合でも、同じように感じたことか考えたことを、自由に書いてよいといわれたことでしょう。

　これに対して、実用文では、必ずテーマが与えられます。これらには、「営業報告」や「取引先への提案」のように短いものや、ある長さの課題文が与えられて、それについて設問文が付けられたものとがあります。

　しかしいずれも、なにを答えねばならないか、枠があるという点で同じです。とりわけ、昇格試験であれば、必ず設問があります。この設問は、書くべき枠に他なりませんから、自由に書いてよいわけがありません。

♣なにを書けばよいか

　実用文で書くべきは、「書きたいこと」ではなく、「書けと要求されたこと」です。もし自分しか読まない日記なら、書きたいことばかり書いてもかまいません。

　しかし実用文では、書けと要求されていることを要求通りに書く、これは絶対の鉄則です。

　ましてや試験問題であれば、「書けと要求されていること」を書いていない答案は、解答になっていない＝０点と評価されてしまいます。

　言い換えると、なにが「書けと要求されていること」なのか見極めること

が、実用文作成では、作業の半分を占めるのです。

　しかしここで注意しなくてはならないのは、与えられた問いを自分に都合よく解釈し、その結果なんとなく設問に答えているようでも、実は的外れの答案を、書かないようにすることです。

　つまり、まず相手の話を正しく理解することです。問題文の形であれ、口頭であれ、なにを要求されているのかを正しく読み（あるいは聴き）取る努力をしなければなりません。

♣与えられたテーマ・状況にあった文章

　こうした誤りを、実際の事例で紹介してみましょう。これは、ある家電メーカーでの出題例です。

　この出題では、「企業活動の国際化」をテーマに、「ある企業の成功例」を述べた課題文（資料）が与えられました。その上で、「この事例を我が社に置き換えた場合、あなたの部署でどのようなことをすればよいか」という問題が出されました。

　これに対し、「国際化は世界全体の流れだから、我が社もそれに向けて世界市場に向けた展開を行うべきだ」と書いた答案が、数多く提出されたのです。

　これらの答案は、確かに「国際化」を論じていますから、課題文に関係がありそうです。しかし、設問にあった「あなたの部署で」の問題はどこにいってしまったのでしょう⁉　このように与えられた枠を無視してしまっては、勘違いというほかありません。ですからこうした文章は、昇進試験なら採点対象外として、即０点になってしまうのです。

　これは、課題文（資料）のない場合でも同じです。「今後１年どうするか」と受講者に各自の業務計画を書いてもらい、それを添削指導をした際、ここでも「私がこれまでに努力したこと」ばかりを書いた答案が、何件かありました。

　これがもし昇進試験なら、問われたことに答えていないのですから、この段階で不合格と判定されます。なぜなら忙しいさなかに読まねばならない上司または採点者は、答案の足切りをまず行い、素早く採点したいからです。

　取引先への文章ならなおさらで、読み手は２、３行読んだだけで、ゴミ箱行きにするでしょう（図表10）。

　さまざまな情報があふれる中、世の中で最も信頼すべきなのは、まず「日は東から昇る」のような、理屈でも経験的にも当たり前の事柄です。

【図表10　書き手の書きたいことを書くのではない】

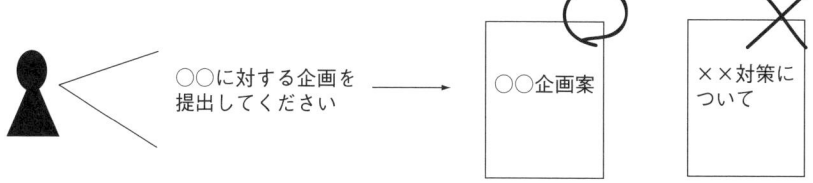

　では、こと実用文に関して、最も信頼し従うべきなのはなにでしょうか。それはとりもなおさず、当事者である上司・同僚や取引先の要求、そして昇格試験なら、与えられた設問文と課題文なのです。

♣自分でテーマを決めてよいときでも同じ

　これは、実用文では稀なケースですが、テーマを自分で決めてもよい、という場合があります。例えば、自由応募の企画や改善提案など、「企画」「提案」など一応テーマがあっても、その中でなにを書いても自由、というものです。
　しかしこの場合でも、自分で設定したテーマに忠実でなければなりません。
　まさかと思われるかもしれませんが、文章の冒頭で自ら「○○について提案する」と書いておきながら、その後の記述が、この○○と無関係になっている例は、それほど珍しいことではありません。
　この原因は背伸び、すなわち本当は自分の中に、問いへの回答がないことにあるのですが、こうした足が地に着かない文章は、必ず破綻すると覚えておいてください。
　文章は、現実や書き手とかけ離れたものではありません。いくら言葉を重ねようと表現に工夫をこらそうと、ないものをあるようには見せられません。読み手がなるほどと思うような提案を持たないのに、文章を書いても誰一人感心しません。
　書く前にまず、読み手が読むだけの価値がある自説をつくっておかねば、すべての努力は水の泡なのです。
　読み手の要求に応えるのが実用文の使命といっても、テーマやタイトルのみがそうなっているだけでは、意味はありません。パッケージと中身が違っているのですから、むしろ読み手が不快感を覚えるのは当然でしょう。
　評価されたいあまりに、自分では中身をつくり出せないテーマで文章を書こうとするのは、単に評価されないだけでなく、かえって評価を下げてしまうリスクがあることを、覚えておいてください。

Q8　自分の考えを自由に書けばいいってホント

Q9 国語が得意な人は心配しなくていいってホント

Answer Point

♧ 実用文を書く能力と学校で習う国語力は別物です。
♧ 高い国語力も時には裏目に。要はその活かし方です。

♣実用文は文学や芸術ではない

　Q8と並んで、誤解している方が多い問題です。WIEのお客様にも、このような誤解をしている方が多いのです。添削の際、通信欄などで「国語は得意でしたので、自信があったのですが、よい評価を得られない」といった相談をされる方が少なくありません。

　これもまた、国語教育におけるよい文章と、実用文におけるそれとを混同しているためです。学生時代に使った国語の教科書を思い出していただきたいのですが、内容は小説などの文学作品がほとんどです。これらは、あくまでも芸術作品であって、報告文や論（説）文とは全く異なるものです。

　もちろん、論説文などもないわけではありませんが、教材としては少数派です。さらに古文や漢文まで含めると、論説文は少数しか取り扱われていないのが実情です（図表11）。

【図表11　国語教育は実用文の教育ではない】

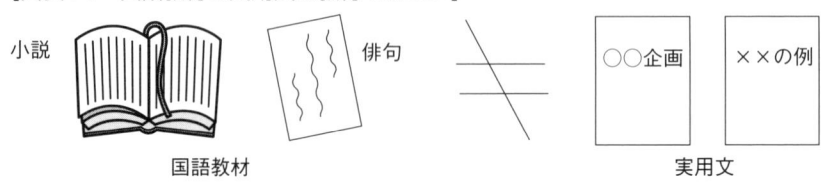

国語教材　　　　　　　　　　　　　　実用文

　これでは、学校での国語が得意＝実用文が得意とはいえないのです。たとえるなら、画家としての能力が高い人でも、必ずしも製図が上手とは限らないのと同じです。それと同様に、文学の分野で高い能力を発揮した人でも、実用文という異なる分野の能力が高いとは限りません。

♣感情ではなく理性に訴えるのが実用文

　では、その根本的な相違は、どこにあるのでしょう。第1に、芸術作品の

目的は、読者の感情に訴え、その共感を得ようとするものです。この点は、理性に訴えその納得・同意を得ようとする実用文とは、異なっています。

この点を誤解すると、大失敗します。なまじ文学作品としての表現力が高いことが、裏目に出ることがあるからです。つまり実用文として一番大切な、自説とその論証が不十分なまま、表現ばかり凝ることになるからです。

皆さんも、ことわざや格言を散りばめたり、反語や体言止めなど、いわゆる「かっこいい言葉」を多用しているのに、肝心の書き手のいいたいことが、ぜんぜん伝わってこない文章を読んだことがあるでしょう。

その根本的な原因は、そもそも文章のテーマについて、書き手自身も意見をもっていないから、あるいは、もってはいても、誰かに伝える価値があるほど、十分に考え抜かれてはいないからです。

このようにいいたいことがない、あるいは薄いのに、無理にかっこいい言葉でごまかそうとするのは、まるで腐った柱にペンキを塗るようなものです。

そのような、意味のない文章のつまらなさには、小学生でも気づきます。しかも別の言い方をすれば、意味のない文章を読ませるのは、読み手をまともに扱っていないことになります。

なぜならいいたいこと＝中身がないのに、読む時間だけは読み手から奪おうというのですから、これでは、「かっこいい言葉」もかえって逆効果であり、高い評価は得られません。

♣国語力があることは悪いことではなく問題はその使い方

もちろん、国語が得意だと実用文を書くのに不利というわけではありません。豊富な語彙や正確な文法の知識があれば、実用文を書く場合にもやはり有利です。

ただし、いいたいことがあって、それをわかりやすく伝えるという、実用文の本質を押さえることが前提です。だからこそ、学生時代に国語が得意だったという方も、実用文の書き方は、また別にマスターしなければならないのです。

しかし逆に、国語の授業は嫌いだった、苦手だったという方も、悲観することはありません。よい実用文を書くのに最低限必要な国語力は、実用文の練習をしていく中で、十分身につきます。

結論をいえば、学生時代の国語の成績とは関係なく、実用文の書き方を学ぶことは必要です。また、それで十分であって、学生時代に国語が不得意だった方も、学校国語からやり直す必要はないのです。

Q10 実用文をうまく書くコツは

Answer Point

♣ 概念（視点）→文→段落→文章という構造をまず理解します。
♣ 自説を冒頭にもってきて、以下逐次それを論証していく構造にします。

♣ **文章はなにでできているか**

　実用文を上手く書くコツは、まずテーマに対する自分の答え＝自説をはっきりさせ、それが済んだらいきなり書き出すのではなく、全体の構成を考えることです。

　つまり、「どうすれば、この意見がわかりやすく伝わるだろうか」を考えるのです。そのための手順が、文章の正しい構成法です。

　実用文に限らず、ほとんどの文章は、似た構造を持っていますが、実用文の特徴は、その多くが2,000字以下、ほとんどが1,000字程度であることです。この程度の字数であれば、（一番大きな）段落＞（次に大きな）文＞（一番小さな）概念という、分量の大小関係を理解すれば、文を組み立てることができます。

　自説は、複数の視点によって論証しますが、視点そのものにも、説明や論証は必要です。この視点の説明や論証に使うのが、文や概念です。

　目安としては、おおむね1段落を使って、1つの視点について記述するとうまくいきます。つまり、概念を組み合わせて文を、文を組み合わせて段落を、段落を組み合わせて文章を作成するのです。

【図表12　文章の構成のしくみ】

```
┌─────────────────────────────────────────┐
│     文章全体（自説を立ててその正しさを論証する）      │
│  ┌───────────────────────────────────┐  │
│  │   段落（自説の論証となる視点の1つについて書く）   │  │
│  │  ┌─────────────────────────────┐  │  │
│  │  │        文（視点を説明する）         │  │  │
│  │  │   概念（視点を説明するための部品）    │  │  │
│  │  └─────────────────────────────┘  │  │
│  └───────────────────────────────────┘  │
└─────────────────────────────────────────┘
```

図表12からご理解いただけると思いますが、ここで最小の「概念」が曖昧なら、全体も必ず曖昧になるはずです。
　では概念とはなにでしょうか。それは、書き手が読み手に伝えようと思い浮かべたものごと、それを表す言葉のことです。
　これは一般的には、「用語」「キーワード」と呼ばれていますが、その意味は同じと考えて差し支えありません。

♣実用文をどう構成するか

　読み手も時間に追われる実用文では、文章が伝わりやすい構造を持っていなければなりません。そのためにはまず、文章を書く目的に沿った自説を立てることが必要です。例えば試験問題でいえば、「○とはなにか」と問われ、「□です」と正面から答えることが「目的」です。
　この自説は、原則として文章全体でたった１つしかないはずです。「ああも言える、こうも言える」では、読み手は混乱するしかないからです。
　さらに、このたった１つの自説は上記のように、さまざまな視点から、その正しさを論証しなくてはいけません。これを模式的に表すと図表13のようになります。

【図表13　文章の基本構造】

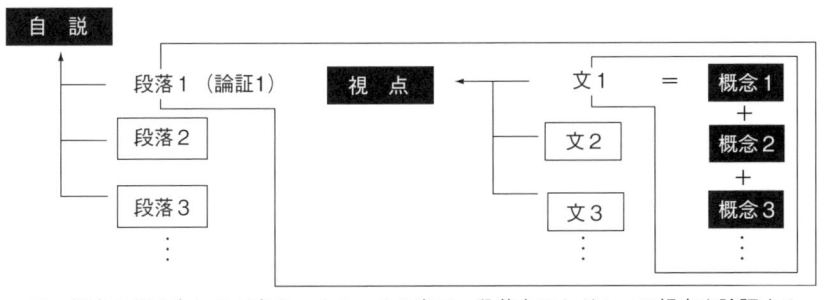

※　概念を組み合わせて文をつくる。その文で、段落中にただ１つの視点を論証する。つまり文で視点を論証し、視点で文章中ただ１つの自説を論証する。こうして、自説＋論証の形が整う。

　この１つの自説＋複数の論証のセットを、読者にわかりやすく伝えるには、文章に１本の筋道が立つこと、つまりストーリーが必要です。例えば報告文のように、事実や状況を説明する文章では、述べる対象の構造に注目してストーリーを立てることができます。
　一例をあげれば、時間の推移に沿って、より古い事柄から、より新しいものへ、という方法があります。あるいは、規模の大から小（例:社＞部＞課）

へと記述を進めることもできます。

♣ 自説は文の冒頭に

　実用文では、他の記述と関係づけられていない記述は、一切あってはなりません。文章に脈絡がなくなるからです。

　ですから「すべての記述は、自説を説明しその必要性・正当性を論証するために行われる」という原則を、片時も忘れないよう、文章を書いていかなければなりません。

　そのための方法は、自説ができるだけ文の前に置くこと、もし可能ならば、冒頭で述べることです。

　自説を述べる文を冒頭に書いたら、それを論証する視点を、次々に書き加えていきます（図表14, 15）。

【図表14　1つの自説を多くの視点から論証する】

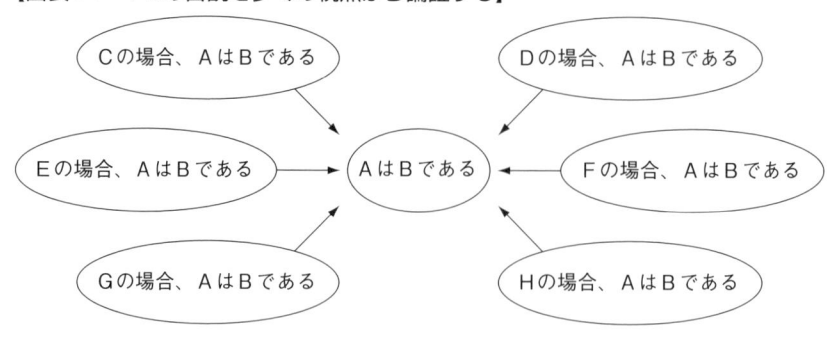

```
  ┌─────────────┐              ┌─────────────┐
  │ Cの場合、AはBである │              │ Dの場合、AはBである │
  └─────────────┘              └─────────────┘
           ↓                              ↓
┌─────────────┐    ┌───────┐    ┌─────────────┐
│ Eの場合、AはBである │──→│AはBである│←──│ Fの場合、AはBである │
└─────────────┘    └───────┘    └─────────────┘
           ↑                              ↑
  ┌─────────────┐              ┌─────────────┐
  │ Gの場合、AはBである │              │ Hの場合、AはBである │
  └─────────────┘              └─────────────┘
```

【図表15　中心になる自説を述べその関連でストーリーを立てる】

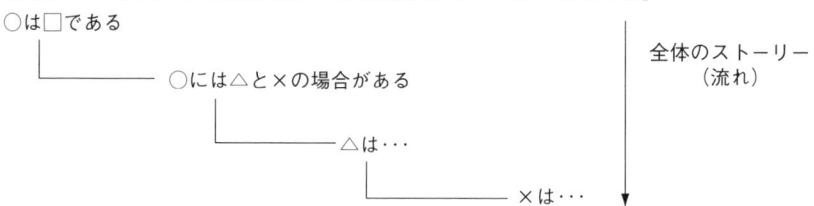

```
○は□である
  └── ○には△と×の場合がある
         └── △は…
              └── ×は…
```

全体のストーリー
（流れ）

　ただし「自説は冒頭」といっても、設問によってはこの形式が守れない場合があります。例えば、「社を取り巻く環境の変化をあげ、それへの対策を述べなさい」と要求された場合、まずは「社を取り巻く環境の変化」を述べなければ、自説＝「それへの対策」は書けません。

　実用文で従うべきはなによりも、設問の要求ですから、その条件に従いつ

つ、かつ「早めに自説、それに続けて論証」の形式を守ってください。

特に長い文章の場合、最終段階で、もう一度最も重要な自説を繰り返して、確認する必要も生じます。あるいは、企画提案などの場合には、今後予想される波及効果や、他の分野への応用などに触れる必要もあるでしょう。しかし、これらは、必ずしも「自説」と結びつきませんから、できるだけ文章の最後で取り扱うようにしましょう。

♣自説を文章の先頭にもってくることの効果

とはいえ、冒頭で自説をいい切ってしまうことに、抵抗があるかもしれません。その理由は、日本語で書かれる多くの文章が、結論を最後に持ってくることにあるでしょう。しかし、自説を後回しにする方法で論旨明快にするのは難しく、初心者にはおすすめできません。

さらに、最後に自説がくる文章では、「あれこれを、互いに関連づけずに述べる文」＝「道草文」を、防止しにくくなります。道草文は、世にはびこるダメな文の多くを占めます。しかも最後に自説がくると、文章全体が平板でメリハリがなく、読み手が退屈してしまいがちです。

したがって、論文でなくとも、できる限り文の前で、「最もいいたいこと」＝自説を記す形にしてください。例えば、新入社員向け案内でいえば、「新入社員に一番心得て欲しいこと」がそれに当たるでしょう。どうしてそれが大事なのか、その心得をより詳しく、わかりやすくいうとどういうことなのか、これらの記述を、自説に引き続いて述べていくのです。

最初にまず自説を述べてしまえば、それに引き続くすべての記述は、自説の補足説明や論証になるほかありませんから、思いついたことを関連づけずに述べ、読み手を混乱させるリスクが少なくなります。同時に読み手は、早めにこの文章の中心テーマを理解できますから、その後の記述を無理なく読み取ることができます。

また、このような文章は、書き手の自説＝考えを次々に畳みかける構造になります。これは、読み手に自説を強く印象づけるという効果も生みます。このように特別に凝った表現を考えなくても、優れた構成をとることで、文章の説得力を高めることは、十分に可能なのです（図表16）。

【図表16　自説が先にあるのが理解しやすくインパクトもある】

○は□である なぜなら〜	＞ インパクト	〜だから ○は□である

Q11 視点・自説・論証など難しげな言葉の意味は

Answer Point

♣ 自説を立て、視点を用いて論証することで読み手の納得を得ます。
♣ 自説を納得してもらうためには、できるだけ多くの視点を考えます。

♣視点というのは

Q10のところで、文を構成する最小単位が概念であり、その概念で、視点を説明すると述べました。ここでは、この視点について、もう少し詳しく説明しましょう。

Q7で、実用文は自説と論証でできていることを述べました。その自説を立てるためには、テーマについていろいろな視点から考え、自信をもって主張できるようにしなくてはなりません。この視点の数は、多ければ多いほど、自説の説得力が増すのです（図表17）。

【図表17　視点の多いほうが説得力が増す】

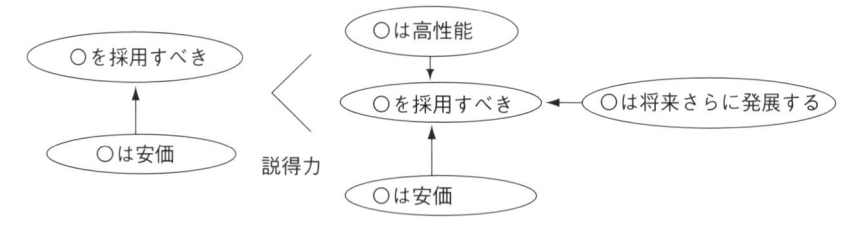

- ○を採用すべき
- ○は安価

＜

- ○は高性能
- ○を採用すべき　←　○は将来さらに発展する
- ○は安価

説得力

例えば、「我が社にとってのコンプライアンス」という昇進試験の問題を例に考えてみましょう。社会にとってのコンプライアンス、自社にとって、将来的に向けて……、さまざまな視点から考えていけばいくほど、自説の説得力は増します。なぜなら、検討した視点の数だけ、自説に同意してくれる人が増えるからです。

これは一般の実用文でも同じです。例えば、取引先へ提案する場合、価格的に安くできるという、たった1つの理由だけで相手先を説得することはまれでしょう。

これまでの自社の実績から、取引先との相性から、あるいは社会情勢から、さまざまな視点で、お客様が買うとよい（＝こちらとしては、売りたい）理

由があるはずです。もちろん、それが自分勝手な理由ではいけませんが、理由＝視点の数が多ければ、取引先も納得しやすいのです。

　実用文では、こうした視点それぞれについて、おおむね１段落を使って説明し、その正当性を読み手に訴えていきます。

　ここで１段落を使うほど、論じる量がない視点は、視点として失格です。言い換えるなら、書いても１段落に至らない視点は、自説を論証するには役立たないのです。だからといって、回りくどい言い回しで記述をふくらませても、読み手のうんざり感をさそうだけですから、視点の中身を充実させなければなりません。

♣自説というのは

　ここまで何度も指摘しましたが、実用文は自説がなくては成り立ちません。では、その自説とはどのようなものでしょうか。そこで、まず考えねばならないのは、自説はできるだけ単純で、できるならたった一言、せいぜい主部－述部関係が１つずつの文で、いえるようにしなくてはならないことです。

　なぜなら文章は、自説を１つに絞らないと、読み手の心に一発必中を決められないからです。つまり、なにかと条件やいい逃れが付いた自説は読みづらいばかりでなく、主張そのものにも同意したくなくなるからです。

　例えば、同僚に「麦茶飲む？」とすすめて、次のような言葉が返ってきたらどう思うでしょうか。

　「いや飲んでもいいんだけどね。でも、最近腹具合が悪いし。少しなら飲んでもいいけど。あ、それ売ってたやつ？　君がいれたの？　さっきトイレ行ったとき、手、洗っただろうね。まあそれでもほかならぬ君だから、飲んでもいいけど、さてどうしよう」。

　これでは、勝手にしろ、といいたくなるでしょう。

　さて、自説を単純化すると、図表18の３パターンに分類できます。

【図表18　自説の３つのパターン】

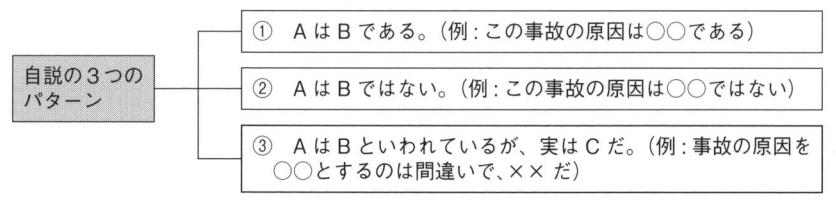

自説の３つのパターン	
①	ＡはＢである。（例：この事故の原因は○○である）
②	ＡはＢではない。（例：この事故の原因は○○ではない）
③	ＡはＢといわれているが、実はＣだ。（例：事故の原因を○○とするのは間違いで、××だ）

　なお、図表18の③の変形として、「ＡはＢではないといわれているがやはりＢだ」というのもありますが、パターンとしては同じです。

では、これらのうち、皆さんが立てるべき自説はどれでしょうか。報告書ならば簡単で、図表18の①のほかはあり得ません。また、通常の試験答案などでも、「問いに対する私の考えは〇〇である」など、①の形が普通です。
　では、②③はどうでしょう。②は実用文としては不利です。なぜなら、②はいわば欠点の指摘にとどまっており、これは誰にとっても簡単だからです。こうした誰にでも書ける否定の文章では、取引先も上司・同僚もうんざりして、「理屈はいいんだ、で、どうするのか」というでしょう。
　もちろん、弁解の文章などでは②でなければならない場合もありますが、ただ責任を否定する文章よりも、代案のある文章は、それだけ納得が得やすくなります。
　つまり、なにかを否定したいときには、②のように否定だけで終わるのではなく、③のようになんらかの代案を形にすべきです。さらに否定＋代案で書けば、それだけ視点が増えますから、多くの皆さんが悩む、「字数が埋まらない」という悩みも、解消されるのです。
　ですから、論文の自説は是非とも「AはBである」の形で、できれば「AはBといわれているが実はCだ」の形で立てるべきなのです。

♣多くの視点を組み合わせて論証するときには、論理に注意する

　ここまでの作業で、自説とそれを論証するための視点が揃いました。それらを整理して、文字に置き換えていけば、実用文は完成するはずです。
　その手順をもう一度整理しましょう。まず、文章全体で主張すべき、自説を立てます。次に、この文章全体の自説を論証するのに必要な視点を、できるだけたくさん見つけ出します。
　こうして見つけたたくさんの視点を用いて、自説を論証する形で段落をつくっていきます。
　このようにして、自説＋論証という文章全体の形が整います。しかもこの「形」は、それぞれの段落1つを1つの文章と見立てても同様です。視点を1段落ごとの自説と考えれば、段落内ではそれを説明し、いかに正しいか論証していくわけですから、答案全体と構造が似ているのです。
　自説を説明し論証するために視点を考え、その視点を説明し、論証するために概念を考える、これが使える実用文を考えるための道筋です。これに従えば、書くことがなくなったり、関係のない話に深入りする心配はありません。
　なぜなら、すべての概念が視点に、そして視点が自説に結びついているため、文章全体に1本の筋が通るからです。

Q12 論証には理屈が重要ってホント

Answer Point

♣論理のみでは納得してもらえず、実用文として失格です。
♣論証には、事実との合致・多数の同意・矛盾のないことが大切です。

♣論理というのは

　実用文は、単なる感想や意見の表明ではありません。とはいえ、自説となる書き手の見解は必要ですから、感想や意見に当たる部分は必要です。ただし、これを単に並べただけでは、読み手の納得は得られませんから、論理的な論証が必要になります。言い換えると、どうすれば赤の他人である読み手が、皆さんの書いたことを「正しい」と判断するか、その条件を探らなければなりません。

　この方法は、大きく分けて２つあります。１つは、既に正しいとわかっていることを利用する方法です。例えば、赤字が続いている企業は倒産する、という一般的な原則から、自社が赤字続きであるなら、このままでは倒産する、という自説を論証できます。このような論証法は、演繹法と呼びます。

　もう１つは、逆に個別の事実から、一般的な原則を導く方法です。A社は赤字が続いたため倒産した、B社も赤字が続いたため倒産した、C社も……といった同じ事例をたくさん集めて、そこからどんな企業でも、赤字が続けば倒産する、という原則を立てるのです。こちらは、帰納法といいます。

　ただし、ビジネスの現場では、なにが正しいかはっきりしていません。なぜなら、状況が刻一刻と変わり、去年正しかった方法が、今年も有効とはいえないからです。ですから、実用文での論証は、帰納法を用いることが多くなります。

♣ビジネスに必要な論証

　論証の前提として、まず視点が自説と結びついていなければなりません。これはよくある間違いで、自説を論証しているようで論証になっていない視点や概念は、誰かに指摘してもらわないと、自分ではわからないほどです。残念ながら自分で考えた理屈が、誰にでもそのまま通用するとは限らない

ので、本当にそういえるかを、よくよく吟味しなくてはなりません。

　例えば、勤務先の経営危機を論証するのに、先ほどの赤字企業は倒産する、という事例を用いたとしましょう。しかし、実際に勤務先が赤字ではない、または間もなく黒字に転換すると予想される場合は、赤字と倒産を結びつけられせん。どんなに一般論として正しくても、あるいは事例が豊富でも、事実と一致していなければ、演繹法も帰納法も使えないのです。

　しかし、未来などまだ誰も実見していない事柄をテーマとして出された場合、事実との一致は満たせないことになります。しかし、その場合でも、自説を導く前提は、やはり事実に即して考えるべきです。

　例えば、商社の社員が「国内の食糧不足を、今後もオーストラリアからの輸入拡大で補う」と自説を立てても、同国の環境破壊の進展による農産物の減少という事実があれば、成り立たないことになります。

　これが「現実はこう」と主張する自説なら、無条件に事実と一致していなくてはなりません。過去の事柄であっても、なかったことをあった、またはその逆を書いてはいけませんし、事実の取り違えもいけません。

　この点で普段の仕事を通じた勉強と情報収集は、こうした自説の間違いを防ぐためには、実に重要なのです。

　事実との一致を踏まえた上で、自説が「正しい」とされるためには、あと②～③の条件を満たしていなくてはなりません。（図表19）

【図表19　正しい自説】

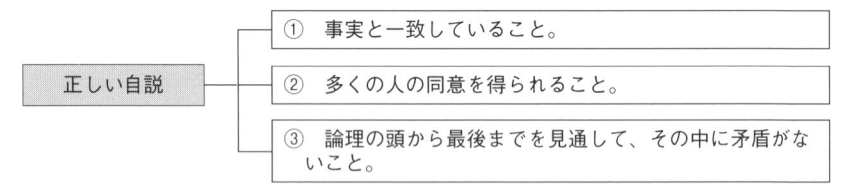

正しい自説	
①	事実と一致していること。
②	多くの人の同意を得られること。
③	論理の頭から最後までを見通して、その中に矛盾がないこと。

　図表19の②については、多様な視点の必要性をすでに述べました。これに加え、倫理に合致していることも必要です。

　例えば、地方自治体の財政難について、そこに属する公務員が、「ウチの自治体はもうダメだから、住民は赤字補填のためもっと高額の税金を払うべきで、生きていけなくても仕方がない」という自説は、赤字解消の論理として正しくとも、同意を得られるものではありません。

　最後に③です。「ISO基準達成のため廃棄物リサイクルを」という自説を論証するために、処理の過程で猛毒が拡散することを述べては論証になりません。だからといって、都合の悪いことは知らぬふりもいけません。

3 あなたの文章が評価されないときの理由・原因は

　せっかく書いた実用文に、厳しい評価が下されるのはなぜか。ここでは、事例別にその原因を考えます。
　失敗しないためには、なにをしてはいけないのか、正しく理解しましょう。

Q13 書けといわれても書くことが見つからないときは

Answer Point

♧ 原因は、知識の不足ではありません。
♧ なにを要求されているか、それに必要なものはなにかを考えることが大切です。

♣知識の問題ではない

　Q13からは、書いた実用文が評価されない理由や原因を考えていきます。しかし、その前段階として、出来不出来以前に、実用文が全く書けない、という場合を検討しましょう。

　確かに、このように全く書けないというケースは少ないかもしれません。しかし、昇進試験を採点していると、氏名と受験番号しか書いていない答案を時々見かけます。

　また、制限字数を半分以上残している答案も、かなり見受けられます。通常の報告書や企画書の添削でも、そもそも提出しない、あるいは提出してもごく短くてほとんど内容がないものがあります。

　このように書けないことに悩んでいる方の多くは、自分の知識が不足しているためだと考えているようです。ですから、ビジネス書や経営書を読んだり、もっと直接的に、模範文例集を暗記しようとします。

　しかし、繰り返し述べてきたように、実用文で必要な知識は、日常業務から必要にして十分なだけ入手できるはずです。実際、書けない人と同じ条件におかれた同僚は、その評価はともかくとして、実用文を書いています。

　よほど日常業務をさぼってでもいない限り、書ける人と書けない人にそれほど大きな知識の差があるとは思われません。

　結局、このような差は、知識の多少の問題ではなく、むしろその使い方にあるといえます。実際、WIEの添削を利用された方は、特に知識を増やすための努力をしなくても、短時間のうちに実用文を書けるようになっています。

♣なにを書かなければならないか

　書けない原因が知識の不足ではないとすれば、なにが問題なのでしょうか。

それは、多くの場合、なにを書かなければならないかを理解していないことです。このため、せっかく知識のストックがあっても、そこからなにを引き出し、どのように用いればよいかがわかっていないのです。

この問題には、2つの側面があります。1つは、要求されていることが理解できない、あるいは誤解や見落としがある、という場合です。

これは、昇進試験対策でWIEを利用された方の例ですが、「当社は5年後に、○○プランを達成し、経営体質の抜本的改革を実現しようとしている。現時点での○○プラン達成の障害とその克服策について、あなたの業務に即してまとめなさい」という出題がありました。

この方の最初の答案は、全くの白紙でした。そして、通信欄に「全く書くことが思いつかず、昇進試験を受けるのをやめようかと思っています」と書いてありました。

これに対して、「御社全体の状況を述べるのではなく、『あなたの業務』とあるのですから、その範囲で○○プランに向けた目標がどうなっているか、また問題点に対する対策を書けばよいのです」とアドバイスしました。

その結果、2回目の提出では、合格圏の答案を提出していただけました（図表20）。

【図表20　話題の中から書くことを見つける】

例）　当社は5年後に○○プランを達成し、経営体質の抜本的改革を実現しようとしている。
　　現時点での○○プラン達成の障害を克服策について、あなたの業務に即してまとめなさい。
　　○　ではなくて、――　について書けばよい！と気づけば「書ける」

♣知識の利用方法を知る

もう1つの側面は、書けと要求されていることは理解できているのに、それに対応する日常業務の体験が思い出せない、というものです。しかし、全く記憶がなく、忘れているわけではありません。

実際、添削を受けている方の所属部門から推定して、「このような経験はありませんか」といったヒントを出しますと、適切な材料を見つけられる方が多いのです。

これは、いずれも考え方の問題であって、知識そのものの不足とはいえません。したがって、実用文作成の正しい考え方を身につけることができれば、比較的短期間で克服できるのです。

Q14 「意味不明、日本語になっていない」といわれたときのいけない点は

Answer Point

♣この原因は実用文に固有の問題です。
♣読み手への配慮のなさと、言葉や文を整理しないで使用しているからです。

♣国語力の問題か

　WIEが企業の人事部門から相談を受ける際、最も多いのがこの問題です。内容の評価の前に、そもそもなにが書かれているのかわからない、というのです。その原因は国語力にあると認識されることが多いようです。そのため、漢字の書き取りの問題集を社員に与えている、といった事例もあります。

　しかし、問題になっている文章を検討しますと、このような認識は、必ずしも正しくありません。意味不明になる原因は、Q9で触れたように、学校での国語学習が不十分だったためではないからです。

　では、どうして意味不明の文章になるのか、その原因を考えてみましょう。

♣そもそも読み手を無視している

　第1に、意味不明といわれる文章のほとんどは、書けと要求されていることと、かけ離れた内容になっています。

　読み手は、こちらの指示に基づいた内容が書かれているだろう、という期待や予想をもって実用文を読みます。このとき、その期待や予想から大きく外れた文章を、理解するのは困難です。それなのに、報告のない報告書、提案のない企画書などは、さほど珍しくないのが現実です。

　特に昇進試験では、読み手は「こういうことを書いて欲しい」と考えて出題しています。この出題意図を無視した、あるいは誤解した答案を書いたのでは、読み手はなにが書いてあるのか理解不能になってしまいます。

　第2に、書き手が思いつきのままに文章を書くと、意味不明になります。なぜなら、思いついたことがら同士を結び付けず、思いつくそばから言葉を重ねていくからです。脈絡のない思いつきをただ並べられても、読み手はわけがわかりません。

脈絡のない出来事が次々に起こる夢を、そのまま誰かに話してもわかってもらえないように、思いつきは整理し互いに関連づけなければ、読み手に理解できるような文章化はできません（図表21）。

【図表21　思い浮かんだことそのままでは他人に理解できない】

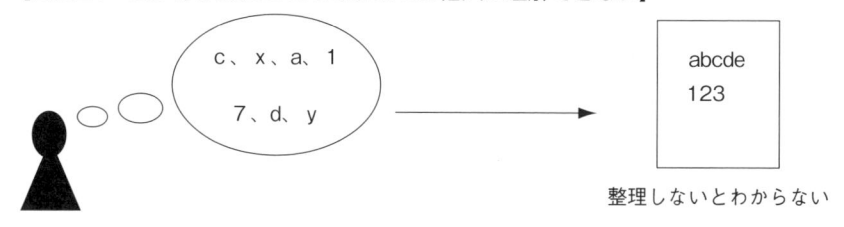

整理しないとわからない

♣言葉はよく考えて選ぶ

　第3に、文の構成要素である概念＝言葉そのものが理解しがたい、という文章もしばしばみかけます。困ったことに、書き手が頭の中で考え出したものごとの「かけら」は、その言葉だけを切り取ると、なにを意味しているのかわからないことが多いのです。

　例えば、単に「会社のため」というだけでは、書き手と読み手の考える内容が全く異なっていて、読み手に意図が伝わらないおそれがあります。

　しかも、こうした意味のはっきりしない言葉やものごとこそ、実用文では重要であることがほとんどです。なぜなら、わからないものだからこそ文章にし、それがなにか、どのような意味なのかをそもそも説明するのだからです。

　したがって、実用文の骨格になる概念や視点は、実は書き手の思いつきのままに使用したのでは、読み手には理解できない場合がほとんどです。ですから、読み手の立場になって説明するなど、わかりやすく整理してからでなければ、使えません。

　特に概念は、文の最小単位ですから、書き手はそれぞれの概念を、絵に描けるくらいはっきりと認識していなくてはなりません。部分がぼやけているのに、全体がはっきりすることなど決してないからです。

　そうはいっても、言葉にできないかもしれません。しかし、文章では、「書かれていないことは、ないと同じ」ですから、言葉にしなければ評価できません。

　意味のはっきりしない概念を、脈絡なしに書き連ね、しかも読み手の期待する内容とかけ離れた内容の文章を読まされたとしたら、皆さんだって、「果してこれは日本語なのだろうか」と思うことでしょう。

Q15 「これじゃ答えになっていないよ」といわれたときのいけない点は

Answer Point

♣ 書くべきこと=問われていることを正しく把握します。
♣ 書くべきことを無視した文章は、日常業務で評価されないだけではなく、昇進試験では致命傷になります。

♣問われていることに答える

　WIEで拝見する答案の半分以上が、程度の差こそあれ、問われていることに答えていないという問題を抱えています。しかもこの問題は、実用文の評価にとって決定的に重要です。

　さっぱりしたものを食べようとお寿司を注文したのに、いくら高級松阪牛であろうと、こってりしたステーキを出されたら、どんなお客でも怒ります。少なくとも、お店はお金を払ってもらえません。同様に実用文では、いくら「いいこと」を書こうと、課題の要求に沿っていないことを書いてしまえば、その時点で評価の対象外=0点なのです。

　実用文は、書きたいから書く場合もありますが、ほとんどはなんらかの要求に応じて書くものです。それは具体的な業務の必要からであり、求めるのは所属組織の内外問わず、具体的な個人もしくは組織です。

　これら具体的な「なにか」の要求を正しく理解し、正しく応じねば、いかなる文章をどれほど大量に書こうと無意味です。これほどまでに、定められた要求に応じることが、実用文で最も優先すべき事項です。なにかの手本のような文章を書こうとして、それを無視したり軽視してはならないのです。

♣問われていることを無視したのでは社会人失格

　このような誤りは、昇進試験の採点を請け負った際、実に多く目にします。いかに文章力があろうと、知識を蓄えていようと、また普段の業務成績が良好であろうと、このような答案を書けば、書くたびに必ず不合格になります。なぜかといえば、書き手が協業に向いていないことの証拠になるからです。

　証拠になるというのは、問われていること、要求されたことに従わず、好きなことを書くからです。自営業者ならともかく、会社員・公務員はいやお

うなく、組織の一部にほかなりません。

　したがって、周囲との協調は義務であり、その第1歩は他者の求めを理解することですが、これができないことを文章で示したならば、すなわちその書き手は組織の一員として失格だということになります。

　いわゆる平職員にとってさえ、このように協調性は絶対に欠いてはならない資質です。これが管理職ならば、同僚や他部署と協調するだけでなく、部下相互の人間関係を調整しなくてはなりません。ですから組織の判断として、協調性のない人物は、それだけで管理職につけるべきではないでしょうし、協調性すらもたない人物に、部下同士の調整など期待できないと思われても仕方がありません。

　よく、「仕事はできるのに論作文では高評価を得られない」とお嘆きの方に文章を提出していただきますと、同様の間違いを見つけることができます。

　つまり、「課題でなにを問われているのか」「書いてはいけないことはなにか」を二の次にしているのです。特に昇進試験では、市販の参考書などを参考にして、とにかく「型にはまった文章」「どこかのお手本のような文章」を書こうとする方が多いのですが、それは大きな失敗に繋がります。

♣答案になっていない答案では評価されない

　例えば、ある事件に対する報告を求められているのに、事実関係にはほとんど触れず、失敗に対するお詫びや反省の言葉ばかり書き連ねた、報告になっていない「報告書」があります。これとは逆に、解決すべき現状の報告ばかりで、肝心のそれに対する提案がほとんどない「企画書」も、添削を委託されると、実に多く見受けられます。

　こうした文章を提出したら、即刻書直しを命じられるでしょう。それはまだよいほうで、一読しただけ、即刻ボツ、ということにもなりかねません（図表22）。

【図表22　要求されたこと以外は書いても評価されない】

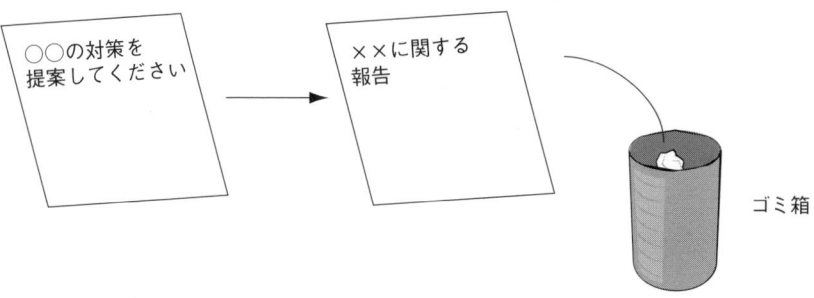

○○の対策を提案してください　→　××に関する報告　　ゴミ箱

Q15 「これじゃ答えになっていないよ」といわれたときのいけない点は

♣ 試験答案の失敗は取り返しがきかない

　日常業務の中で書く文章であれば、これでよいのだろうかと疑問に思えば、上司や同僚に確認することができます。また、書直しの機会を与えられることもあります。しかし、これが昇進試験の答案であれば、取り返しはつきません。

　特に、昇進試験では、書くべき内容は設問文という文章で与えられますから、なにを書くべきか読み取りの能力も必要です。この段階で失敗すると、Q8で紹介した家電メーカーの昇進試験のように、「国際化」という設問の一部にしか答えていない、といった答案になってしまいます。

　試験という競争の場では、この誤りだけで、設問の要求をすべて満たした誰かの答案に太刀打ちできません。しかも、試験後に気がついても、それを取り返す機会は、翌年の試験までないのです。

　試験で答案を書く前に、まず今述べた2点、すなわち「課題でなにを問われているのか」「書いてはいけないことはなにか」をよく考え、それに対してまっすぐ答えるようにしてください。「課題に正面から取り組むこと」は、実用文を書くための大原則なのです。

♣ 文章作成も業務の1つ

　「…してはいけません」と、ずいぶん厳しい話ばかりのように感じられるかもしれませんが、立場を変えて考えれば、読みたいことを読みたいという読み手の願望は、もっともなことだと感じられないでしょうか。

　ほぼすべての実用文は、業務の必要から「書かされる」ものですから、とにかく形にすればそれでいい、読み手の願望には配慮しない、書き手としてそう考えるのも、無理はないかもしれません。

　しかし、報告書を書くことも、昇進試験の答案を書くことも、できばえの良し悪しを評価できるという点で、普段の一般業務となんら変わりはありません。評価を気にし、一般業務での手抜きに慎重であるにもかかわらず、実用文、特に昇進試験でやっつけ仕事をしてしまうなら、それは書き手が、文章を書く作業を、「自分の業務ではない」と考えていることになります。

　しかし、所属の組織から書くことを要求されている以上、すべての実用文作成は業務の一環に他なりません。たとえ慣れない作業であろうとも、成し遂げなければならない自分の仕事なのです。ですから、読み手の要求を正しく理解し、正しく従うことは、組織の一員として避けられない現実と覚悟したほうが、むしろ精神の健康にはプラスになるはずです。

Q16 「君自身の考えを書いてくれ」といわれるときのいけない点は

Answer Point
♧事実や誰かの考えを紹介しているだけではありませんか。
♧相手を説得する努力＝論証を欠いた考えは、感想であって自説とはいえません。

♣自説の重要性
　書き手の考えがない、あるいは伝わってこない実用文も、企業の人事担当者がよく指摘する問題です。実用文に限らず、一般に文章とは、書き手の考えを読み手に伝えるものですから、この条件を満たしていない文章は、それだけで失格です。
　特に、Q7で述べたように、実用文とは自説とその論証から成っていますから、書き手の考え＝自説が存在しない、少なくともそれが読み手に伝わらない文章では、そもそも存在意義がありません。

♣単なる紹介になっている
　では、どうして自説がない文章が生まれるのでしょうか。それにはいくつかの原因があります。その1つは、事実だけを書こうとすることです。
　これは、とくに報告書などに見られます。確かに報告文は、事実の伝達を主な目的としますので、自説はそもそも不要と思うかもしれません。
　しかし報告書とは、決定的な事実を抜き出し、業務を改善するためのものです。日記のように、ただ日々の出来事を並べても、役立ちません。ですから、報告者である書き手の判断によって、伝えるべき事実を選び取り、さらにその因果関係などを考えて整理する必要があります。加えてこうして選択した事実に関しても、重要性の高い低いなど書き手の判断が伴うはずです。
　逆にいえば、この判断＝書き手の考えを示さなければ、報告とはいえないのです。例えば、プロジェクトの成功であれ、失敗であれ、そのターニングポイントになった事実はなにか、といった記述は不可欠です。それがなければ、事例の紹介や記録とはいえても、実用文としての報告書ではないのです。
　これとよく似た失敗は、提案書や企画書でも見られます。この場合、提案

が全く新規なもので前例がない、といったことは稀(まれ)です。

　ほとんどは、他の成功例を参考にします。その際、なぜこの事例を参考にしたのか、自分の企画に活かすにはどのような工夫が必要か、といった記述が必要になります。しかし、これがない場合が多いのです。

　これもまた、他人の考えを紹介しているだけであって、そこに自説があるとはいえません。

♣感想だけでは、自説=あなたの考えとはいえない

　ここまでの事例は、いずれも解答者の考えが書かれていない、少なくとも明確ではない場合です。しかし、「○○が最も重要である」「すべきである」といった判断や意見を書いているのに、「君自身の考えがない」と評価されてしまうことがあります。

　その理由は、自説と論証の関係を考えてみるとわかります。例えば、日常の会話の中で、「○○が大切」「すべき」という意見をもったとしましょう。これを他人に伝えただけでは、単なる感想を述べたことにしかなりません（図表23）。

【図表23　自説だけでなく論証もない場合も考えとはいわない】

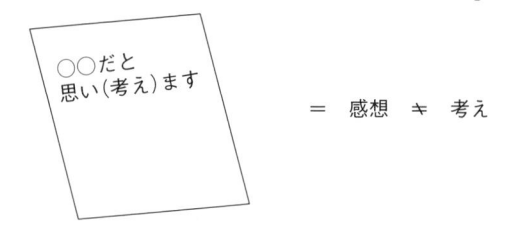

○○だと思い(考え)ます　＝　感想　≠　考え

　相手がたまたま同じ感想をもっていれば、共感してくれるかもしれません。しかし、その偶然を当てにはできません。ですから実用文の定石通り、読み手を論理的に説得し、同意してもらうほかありません。そのためには、説得材料を示さなければなりません。すなわち、論証が必要なのです

　逆にいえば、この論証を欠いたり、不十分な場合には、いくら自分の意見を述べても、単なる思いつきとしか受け取ってもらえないのです。書き手としては、豊富な事例とさまざま意見を取り上げ、さらにそれに対する意見を述べたつもりでも、「君自身の考え」がないと判断されてしまうのは、論証がないためなのです。

　読み手から見れば、論証が不十分な文章は、単なる感想文に過ぎません。これほどまでに、思いつきはそのままでは、なかなか通らないものだということを、知っておいてください。

Q17 「実現性が疑わしい」と評価されたけど将来の実現性の示し方は

Answer Point

♧企業が実現性を問題にするのは、リスク管理上当然のことです。
♧将来を予想する能力は、昇進試験では、出題側がぜひ見たい点です。
♧これに対応するのは難しい反面、その成果も大きいのです。

♣なぜ実現性が問題になるのか

　報告書・始末書などでは、基本的に過去の事実を整理するだけですので、将来の実現性が問題になることはほとんどありません。しかし、企画・提案なら、その実現性が問題になります。

　なぜなら、企画や提案が採用になれば、ヒト・モノ・カネといった企業の資源を投入することになりますから、それが実現しなかった場合、大きな損失を生むからです。ですから、コストに敏感な企業としては、実現性を重視せざるを得ないのです。

　また、この問題は、昇進試験の場合にも重要です。確かに、昇進試験の答案の内容を、そのまま企業が企画や提案として採用することは、まずありません。

　しかし、一般に昇進試験では、今までに生じた問題をどう考え、どう対処してきたかと同時に、今後の対策や行動方針を必ず問いますから、その実現性は高くなければならないのです。

　なぜなら、昇進後には、業務もそれに伴う責任も変わってくるのですから、新しい事態に対応する能力が必要になるからです。すなわち、過去がどうであったかだけではなく、未来を見通す力が問われるのです。

♣実現性を示す力はステップアップに不可欠

　逆に、この実現性を考慮せずに、「～したい」「～すればよい」とだけ述べたのでは、単なる希望や願望を示すだけになります。Q16と同じ現象ですが、実現性を論証しないで、ただこうした願望を述べただけでは、自説といえません。

　したがって、実用文としての最低条件を満たしていないことになり、評価

は極めて低くなってしまいます。

　例えば、なにかを「したい」あるいは「必要とする」のは結構ですが、その具体的実行手順、効果検証、費用対効果の検討、コストの算定とその調達法、そこまでを書かなければ、社会人の書く実用文としては失格です。

　もちろん、すべての実用文で、実現性が問題になるわけではありません。しかし、現在より一段高い質の仕事をしたいと思っている方には、絶対に必要な要素であり、とりわけ昇進試験では重要になるのです。

♣将来のことを論証するというのは

　では、実現性を示すには、どうすればよいのでしょうか。確かに、これは将来の予想を論証することになりますので、難しいでしょう。なにせ、まだその論拠になる実例が存在しないのですから。

　しかし、ごく当たり前の感覚に立ち戻れば、それほど難しいことでもありません。皆さんは朝出かけるとき、どんよりとした曇り空を見れば傘を持って出るように、日常では無意識に将来を予測しています。

　曇り空の場合、雨が降るという実例をたくさん体験していますから、傘が必要になるという将来の実現性を信じることができるのです。

　つまり、これまでの事実を豊富に集めれば、未来はある程度予測することができます。

　同時に、過去の豊富な事例によって論証された未来は、読み手にとって納得しやすいものであることはいうまでもありません（図表24）。

【図表24　過去の事例から将来を予想する】

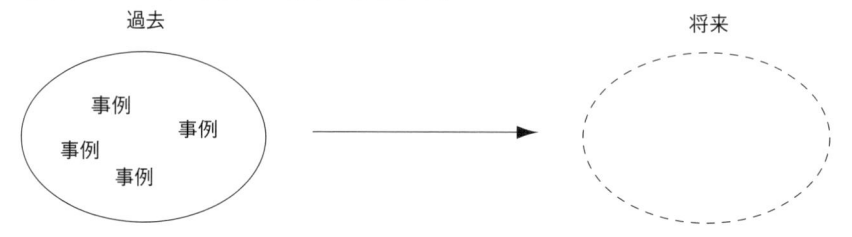

　それだけに、それらの事例と提案との関係は、丁寧に説明しなくてはなりません。なんでもいいから事例を集めようとしても、提案する未来と関係がなければ、読み手は納得しないからです。

　これは基本的には、過去や現在の事例を論証するのと同じ作業ですが、未来のことだけに、視点が多ければ多いほど、実現性に対する納得・同意を得やすくなりますから、より丁寧に行う必要があるのです。

♣ 材料の宝庫＝日常業務の重要性

　以上から、未来の実現性を論証するための材料もまた、ほかの場合と同じように、日常業務の中から見つけ出さなければならないことを理解できるでしょう。ただし、過去や現在についての記述と比べて、論証の精度を上げなければなりませんから、業務を精密に検討しなくてはなりません。

　また、自分がどのようにして提案を思いついたのか、それを読み手に理解してもらう工夫も必要です。さまざまなプランの中から、どうしてこれを提案するのかを納得してもらうためには、提案者がどれほど「相手にとっていいことを考えよう」と思っていたかを、示さなければならないからです。

　それだけに、日常業務はまじめにこなしていなければなりません。過去の事実を収集するには、普段から問題意識をもって、仕事に取り組んでいなければならないからです。ただなんとなく日々を過ごしていたなら、いざ過去を思い出そうとしても、記憶に残っている事柄は、極めて少なくなってしまうのです。

♣ 究極的にはモチベーションの問題

　自説の実現性を突き詰めていくと、書き手のモチベーションの問題に行き着きます。自分の問題として企画を考えるなら、ぜひとも成功させたいと考えるのが当然だからです。

　そればかりではありません。企画への熱意とともに、普段の業務をどれほど自分事としてとらえているか、究極的には、これが提案の実現性を決めることになります。

　業務を他人事としてとらえているなら、そこにある問題点には気づかず、気づいても改善しようとは思わないものです。しかし自分事としてとらえているなら、改善策を考え、それをどう実行し成功させるか、考えたくなるのが人のさがでしょう。

　そのように考えていたなら、「企画を出せ」と求められたことを、チャンスととらえるのが自然です。ところが、業務を他人事として考えていたなら、余計な仕事が増えてしまったと考えるでしょう。自然、「出せばいいんでしょ」とばかり、企画の実現可能性を高めようとは思わないものです。

　たった１本の文章で、書き手の能力が測定できてしまうというのは、ここからみてもわかります。意欲がなければいかなる人間も、有能ではあり得ないからです。それだけに、自分が担当し、その結果が自分の給与を決めてしまう覚悟で企画の実現性を考えねば、読み手も同意はしてくれず、文章の評価も、決して上がりはしないのです。

Q18 しっかり対応すると提案したのに「具体的な提案がない」との評価のわけは

Answer Point

♣ 程度の副詞・形容詞に惑わされると、提案そのものが書けなくなります。
♣ 実際に提案が思いつかない場合より、表現に凝ったために肝心の概念を落としてしまう場合が多いのです。

♣魔性の言葉「しっかり」

「具体的な提案がない」というのは、Q17同様、報告書など事実関係が中心となる実用文では、あまり重視されない問題です。しかし、企画書や提案書では、この問題を避けて通れません。こうした評価を受けては、そもそも企画書や提案書になっていない、といわれていることになるからです。

この原因は、いくつかありますが、とりわけ多いのが「しっかり」といった程度を示す副詞（または形容詞）の使用方法にあります。このような問題を引き起こす言葉には、ほかにも「きちんと」「はっきり」「きっかり」などがあります。

ここで、その悪い用法を示してみましょう。「昇進試験に合格するためには、しっかり勉強することだ」という文章を想定してください。この場合「しっかり」には、「昇進試験に合格するように」という以上の意味はありません。つまり、この文は「昇進試験に合格するには、昇進試験に合格するように勉強しなければならない」という「提案」をしていることになります。

これでは、「○○はどこにある？」という質問に対して、「○○置き場」と答えているのと同じです。ここでお気づきかもしれませんが、これらの文書は単に同じことがらを反復したに過ぎず（トートロジー、といいます）、全く解決策を示していません。これでは、話に発展のない、無内容な文章といわれてしまいます。

こうなってしまうのは、「しっかり」といった、「程度の副詞・形容詞」に、書き手自身も騙されているのです。

Q17でも述べたように、将来に関わる企画や提案の実現性を論証することは、簡単ではありません。そこで、つい強調するために、こうした程度の副

詞や形容詞を多用したくなるのですが、その結果、肝心の提案そのものが、提案ではなくなってしまうのです。

　逆に、提案の具体的な内容がないのに、言葉で飾っても簡単に見抜かれてしまいます。皆さんも、先ほどの例文を読んだとき、その原因はわからないまでも、なんとなく違和感を抱いたと思います。まして、提出された実用文を評価しようと丁寧に読んでいる、上司や採点者の目はごまかせないのです。

♣無内容な「提案」を避けるには

　これは、文章上の問題としては、至って簡単です。内容を発展させるための新しい概念を補えばよいのです。先ほどの例でいえば、「課長試験に合格するためには、添削を利用して勉強することだ」であればよいことになります。これなら、「添削」という概念が入ることで、具体的な解決策を示したことになります。

　確かに、「しっかり」のような国語表現だけが、無内容な文章になる原因ではありません。より根本的には、意味のある概念を思いつかないことに原因があるのです。この概念の見つけ方については、別のQのところで、さまざまな角度から検討していきましょう。

　実のところ、添削の中で「しっかり」はダメと指摘すると、次の段階で多くの方が、具体的な提案を書いてこられます。つまり本当は、具体案を考えついているのに、表現の問題でつまずいてしまっているのです。

　皆さんもなんらかの提案をしようとするとき、一通りその内容を思い浮かべているはずですから、それを意味のある言葉つまり具体策にして、文章に盛り込めばよいのです（図表25）。

【図表25　提案には具体的な概念を用いる】

しっかり勉強する　×　　　　　　　　　添削で勉強する　○

Q19 「事例がピント外れ」と評価されたわけは

Answer Point

♣論証をするためには適切な事例が必要です。
♣成功例ならなんでもよいとはいえないし、また数が多いだけでもいけません。

♣ただ事例をあげればよいのではない

　Q7をはじめとして、実用文は自説と論証からなると繰り返し述べてきました。さらに、Q16で述べたように、自説と論証は切り離すことはできず、論証なしに自分の考えを述べても、それ自体で自説ではなく単なる感想となってしまうことも指摘しました。

　このように実用文には不可欠といってよい論証ですが、これは自説と対応する事例をあげて行うのが基本です。しかし、いくら事例をあげても、自説に対応していなかったり、曖昧になったりする場合があります。つまり、論証に必要な事例を集めても、それが役に立たない状態です。

　事例が多少不適切でも、自説が優れていれば、高い評価を得られると考える方もいるようですが、これは誤りです。

　事例が不適切なら、論証は成功しません。さらに論証に失敗すると、自説そのものが成り立たなくなり、単なる感想になってしまいます。これでは、実用文としては完全な失敗になってしまいます。

♣成功例にとらわれる

　こんな例があります。

　ある製薬会社の営業部員を集めた研修を請け負ったときのことです。そこでは、「薬価基準の引下げの中で、いかにして高収益体制を確立するか」という課題が出されました。

　これに対して、大口の医療機関との契約に成功した事例をあげた方が、何人もいました。しかも、皆さん例外なく、いずれもいかに大きな労力を払って成約に漕ぎ着けたかという、自分の努力を中心に述べていたのです。

　確かに、これらの事例は大口の契約ですから、売上の増大に寄与すること

は間違いありません。また、成約に至るまでの努力を紹介してありますので、他の営業部員の参考としても優れたものでしょう。しかし、肝心の「高収益体制の確立」と結びつくかは、はなはだ疑問です。大きな努力を払ったということは、売上の一方でコストもかかっている、ということだからです。そうすると設問が求めた「収益（率）」は、必ずしも高いとはいえないはずです。

　これは、論証のためには、成功例をあげればよいと勘違いしたからでしょう。確かに営業部員にとって、大口の契約は大きな目標であり、成功例です。しかし、成功例であればなんでもよいのではなく、要求されている「収益」に関係するものでなければなりません。

　さらに、大口の契約が実は収益率が悪いのであれば、この事例は全く用いることができません。あるいは、大口の契約のほうが、かかる労力以上に収益が大きいので、高収益体質のために必要だといえるかもしれません。しかし、この場合には、小口の取引と比較したコストを、検討しなければなりません（図表26）。

【図表26　成功例ならなんでもよいとはいえない】

売上

高収益の事例を洗い出しているのだが・・・

♣数の魔術

　成功に惑わされる場合のほかにも、ピント外れの事例を書いてしまう原因があります。それは、多様な視点を取り扱おうとして、事例の数を増やそうとする場合です。このとき、事例の数を増やすことに気を取られて、不適切なものまで用いてしまいがちです。

　確かに、論証を確実にするためには、論拠になる事例が豊富なほうが、一般的に有利です。しかし、そこに論拠にならないものが混じっていたのでは、かえって逆効果です。"枯れ木も山のにぎわい"とばかり、数が多ければよい、というものではありません。

　いずれにせよ、論証のための視点＝事例は、文章を書き出す前に、果して自説を論証し強化することができるかどうか、十分吟味しなければならないのです。

Q20 「話にまとまりがない」といわれたときの原因は

Answer Point

♣これは、道草文になっているということです。
♣道草文になるのは、実用文を書く正しい考え方や手順を守っていないからです。

♣道草文というのは

　話にまとまりがない、Aの話かと思ったらいきなりBの話になっている、結局なにをいいたいのかわからない、こう指摘される文章を、WIEでは道草文と呼んでいます。その危険性はQ10で指摘しましたが、道草文になるかどうかは、実用文として最低限の条件をクリアしているかどうかと同じです。

　したがって、道草文を知ることは、実用文を知ることと密接に関わってきますから、ここで掘り下げて考えてみましょう。

　道草文の特徴は、1つの文章に含まれているたくさんのことがらが、互いに結びつけられていないことです。簡単な例を示すと、「今日はよい天気である。ニューヨークの相場は下落したが、さてミズスマシの産卵はうまくいっただろうか」のような文章です。

　このような文章は、間違いなく読み手を困惑させます（図表27）。したがって、実用文としても失格ですが、なぜこのような文章ができあがってしまうのでしょうか。しかも、文章を書き慣れていない方が書く文章は、多かれ少なかれ道草文です。どうして、こうした文章が大量生産されてしまうのでしょうか。

　その根本的な原因は、実用文と書き手の関係について、誤解があることにあります。

【図表27　道草文は読み手を困惑させる】

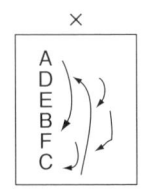

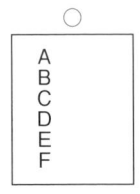

♣提示された枠さえ守れば実用文になるわけではない

　皆さんは、なぜ実用文を書くのでしょう。そのきっかけはほとんどの場合、会社や取引先からの要求にあります。自発的に、頼まれもしないのに実用文を書くことはまずありません。

　となれば実用文は、書き手から見ればきわめて「よそもの」だといえるでしょう。いわれたから書く、そんなものは自分の一部でもなんでもないというわけです。したがって、なにをどう書くか、それは書けといった側が決めればいい、その枠さえ守ればよいのだということになります。

　その結果、読み手が求めた最もわかりやすい枠、すなわち字数とタイトルには、忠実に従うことになります。しかしこれを守ったところで、評価されるわけではないことは、これまで説明してきたとおりです。

　タイトルが規定通りでも、読み手の要求を正しく理解しそれに応じていなければダメだったように、どのようなことがらでもかまわないから、とにかく字数を埋めてさえあれば、評価されるわけではありません。

♣関係があるだけでは論証にはならない

　与えられたテーマについて、語りたいことがさほどないのに、字数だけはたっぷりと与えられ、それを埋めねばならない。そうなれば書き手は、なんとか空白をつぶすため、あらゆることがらを文中に詰め込もうとするでしょう。しかしそれは、読み手が本当に読みたかった書き手の自説ではなく、自説の論証にも役立ちません。

　なぜなら、書き手の語りたいことは、すでに語り終わっているからです。しかしまだ空白がある、それを埋めるだけのことがらは、語りたかったこととは無関係になりがちで、せいぜい書き手が、「なにか関係がありそうだ、これなら入れてもかまわないだろう」と考えているに過ぎません。

　しかし実用文に記してよいのは、「問いに対する答えはこうだ」という書き手の自説と、それを強力に支持する論証だけです。なにかの参考になるだろう程度の記述は、書いたところで読み手の心には届きません。

　強力に支持するかどうかは、書き込んだことがらが、どれほど自説と結びついているかどうかでわかります。

　例えば「今は酔っぱらっている、それはさっき、水割りを飲んだからだ」という短文でいうなら、「からだ」といえる、これほどまでの結びつきがないと、「酔っている」という自説に「水割りを飲んだ」という論証が結びついているとはいえません。酔いの話だからといって、酒や胃腸薬の銘柄を列

記しても、それが論証になるとは限らないのです。

♣道草文にならないために〜文章と書き手は一心同体

　読み手の説得に役立たないような記述を、なぜ含めてしまったか。それは、「よそもの」である実用文の、読み手が提示した枠だけを守り、その内容や適性を問わないまま、空白を埋めていったからでした。

　となれば、実用文が評価されるためには、まず今書こうとしている文章が、自分にとって決して「よそもの」ではないことを、理解せねばなりません。書きたくもないものを書かされる苦痛は変わりませんが、同じ苦労をするのなら、せめて評価されたいというのが、書き手にとっての切実な願望ではないでしょうか。

　実用文を書く作業が、ほかでもない自分自身の行為であって、できあがった実用文も、いわば自分の分身だと思うならば、守るべきは読み手の決めたワクだけではありません。すなわち、自説を立ててそれを冒頭に置き、自説を論証する視点を複数考え、その視点を1段落使って記述するという、実用文の正しい作成法もまた、従わねばならない枠なのです。

♣最強の予防薬〜つなぎの言葉

　加えて道草文特有の問題に注目するなら、すべての段落、すべての一文には、かならずその頭に「のり」をつけねばならないとの原則にも気をつけるべきです。このQ20の各文を、冒頭に注目して眺めてください。「なぜなら・しかし・その」など、ほとんどの文や段落は、頭に「のり」がついていることに気がつくでしょう。

　こうしたつなぎの言葉は、なにも接続詞に限りません。前の文の主部であれ述部であれ、同じことがらを取り上げるだけでも、十分「のり」の効果はあるのです。

　さらに、例えば「今日は晴れ」と「収入印紙を買う」をつなぐならば、「今日は晴れだ。先日申請したパスポートを取りに行くには都合がよいので、収入印紙を買う」のように、「つなぎのことがら」が必要です。自説を冒頭に置いた上で、実用文に含めるいかなる文も段落も、そのすべての頭に「のり」をつけていくならば、決して道草文になることはありません。

　逆に言えば、つなぎの言葉を付けられないような記述は、実用文を道草文に変えてしまう恐れがあります。したがって、「のり」にさえ気をつけるなら、まずは実用文の最低限の条件を、クリアすることができるのです。

Q21 「同じ話を繰り返しているだけだ」という評価のときの対策は

Answer Point

♧繰り返しは、いいたいことの強調になるからよいことだ、というのは誤解です。
♧無駄な重複を省き、そのスペースで視点を豊富にすることこそが、文章の説得力を増します。

♣どうして堂々巡りになるのか

　同じ内容が繰り返し出てくる堂々巡りも、添削しているとしばしば見られます。さすがに全く同じ文が繰り返し出てくることは少ないのですが、同一内容の記述がなんか所にもある、といった文章が多いのです。

　この原因は、論証のための視点を十分用意できなかったことにあるのですが、それを十分行ったと感じている方でも、やはり繰り返し文を書いてしまうばかりか、それに気づかないことがあります。

　なぜ気づかないかといえば、思いついたことを即座に書くと、文章の勢いが出てよいと信じて疑っていないからでしょう。さらに、重要なことは反復して述べることで、強調するべきだとも考えているようです。

　確かに日常会話や芸術作品としての詩などでは、このような繰り返しによる強調表現が見られます。しかし、実用文でもこれが通用すると考えるのは誤りです。詩のように、相手の情緒に訴え、共感を求める文章ならこの手法は有効でも、論理的・理性的な納得や同意を得る実用文での繰り返しは、「またかい」と読み手をうんざりさせるだけです。

　繰り返し文の原因として、分量を水増しするため、ということもあります。しかしそれだけではく、むしろ文章作成上の技法として、繰り返しはよいことだという誤解が、書き手がこの問題の重要性に気づかない原因になっているのです。

♣繰り返しの多い文章は低く評価される

　しかし、同じことの繰り返しは、実用文にさまざまな問題を引き起こします。まず、繰り返しが多いということは、盛り込まれている情報量が少ない

ことになります。つまり内容の薄い文章ですから、それだけで評価は低くなります。昇進試験のように、制限字数がある場合には、致命的になります。

さらに、読み手の心理に対して悪影響を与えることになります。よほど奇特な方でない限り、報告書や企画書を読むのが楽しみという人はいません。ましてや緊張を強いられる試験答案の採点なら、読みたくて読んでいる人はいないでしょう。そこに、同じことが繰り返されているだけで、内容の薄い文章を読まされたのでは、ウンザリしてしまいます。

こうして採点者の心証を悪くしてしまいますと、内容の採点だけではなく、熱意といった業務態度の面でも、低い評価になります。内容の薄い文章を書いているのは、書くことが見つけられないからであり、それは日常業務にまじめに取り組んでいないからだ、というわけです。ですから、同じ内容の繰り返しは、ぜひとも避けるべきなのです（図表28）。

【図表28　同じ長さなら情報量の多い文章が評価される】

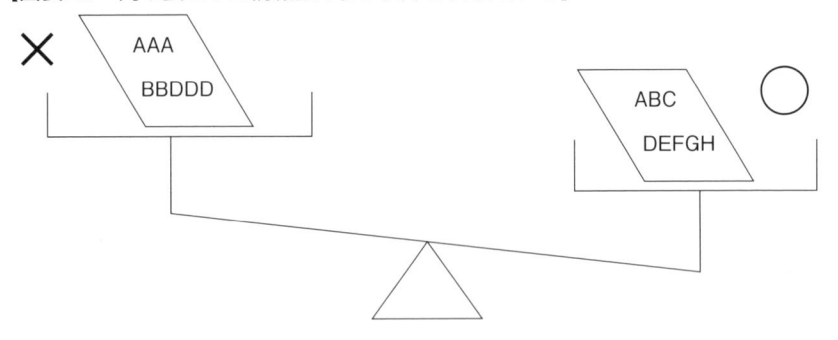

♣豊富な視点と事例

このような失敗を避けるためには、まず、繰り返しによる強調は、実用文では百害あって一利もないことを肝に銘じてください。むしろ、同じ内容をできるだけ短く簡潔に表現することを心掛けてください。

それ以上に重要なのは、要求された実用文を書くための自説と、それを論証するための視点・事例をできるだけたくさん集めることです。これによって、多様な視点からの論証が可能になります。

評価される実用文の条件は、言葉ではなく内容の濃さです。視点が多ければ多いほど、より多くの同意を得ることができます。このことで、繰り返しによる強調をはるかに凌ぐ説得力が得られるのです。

Q22 「つまらないね」と一言で否定されたときの対策は

Answer Point

♣ 「つまらない」のは、読み手に利益をもたらさないからです。
♣ 「つまらない」話は、実用文として失格であり、評価されません。

♣ ズバリ「つまらない」とはいわれないが…

　苦労して書いた実用文を、「つまらない」と評価されたら、どんな書き手も頭にきます。したがって、面と向かってこういわれることは滅多にないでしょうが、それは大人の世界の「お約束」だと理解したほうが有利です。

　実際、人事部や人材開発担当の方の相談を受けると、「つまらない文章が多くて…。」といわれることがよくあります。これは相手が、WIEのような外部の業者だからいえるのであって、まさか受験した方にそうはいわないでしょう。

　ですから、もし昇進試験が不首尾に終わった場合、作文の答案がつまらないことが、理由になっているのではないかと疑ってみるのも悪くありません。「なんとなくインパクトに欠ける」などという評価は、実は「つまらない」の言い換えにほかなりません。この言い換えにショックを受けて、WIEの添削をご利用になる方は、決して少数派ではないのです。

♣「つまらない」の真意は

　実用文をつまらなくさせる最大の要素は、誰でも知っておりどこででも聞かれるような話です。これについては後で子細に検討しますから、逆につまらなくない話とはなにかを考えましょう。

　実用文の場合、読み手と書き手は、同じビジネスという場にいます。ビジネスでおもしろい話とは、利益になる話だと誰でも知っています。仮に所属が営利企業でなくとも、その活動は誰かの利益のために行うものですから、それに資する話がおもしろい話であるとわかります。

　すなわち、いかなる実用文であれ、読み手が興味を示すのは、読み手にとって役に立つ話なのです。落語のようなくすぐりが、実用文を面白くするのではありません。

面白い実用文に含まれるべきなのは、例えば読んでためになった＝「ああ、こうすればいいのか！」という話であり、目からウロコが落ちた＝「ほぉ、そうだったのか！」という話です。せっかく読んでも、こうしたワクワク感を感じないからこそ、読み手は「つまらない」というのです。

♣読み手はいろいろ・利益もいろいろ

　ただし、なにが読み手にとっての利益なのかは、組織によってさまざまです。一般的な営利企業なら、いわゆる「儲かる話」ばかりがそれだと思われますが、早とちりは禁物です。儲けはそこそこでけっこう、それより社会的信用を高めたいと考える企業があっても、不思議はないからです。

　加えて経営陣が、いつまでも同じ経営方針でいるとは限りません。それどころか上場企業なら、経営者そのものの交代も珍しくありません。

　となると、実用文の書き手としては、まず読み手の望むところはどこなのか、いつもアンテナを張っていなければならないとわかります。

　組織の中にいると、とかくその悪いところばかりに目がいってしまいますが、自社や取引先の経営者、あるいは直接の読み手が、いったいなにを望んでいるのだろうかと、時には考えてみることも必要なのです（図表29）。

【図表29　面白い話】

シェア　○○株式会社　売上　知名度　社会的信用

何が利益かは、組織ごとに異なる

♣面白い話はやはり日常業務から

　ためになった、目からウロコが落ちた、そんな話が、毎日同じように繰り返される業務の中に、そうそうあるとは思えないかもしれません。確かに、大向こうをうならせるような話は、そんなにあるものではありません。もしそんな話があるのなら、いっそ独立して自分でやったほうが、はるかに書き

手の人生を豊かにするでしょう。

　しかし業務の中での小さな改善なら、気をつけて仕事を見つめてさえいれば、案外たやすく見つかるはずです。ここで昇進試験の作文に話を限るなら、企業や人事部でさえ、ご大層な話を期待しているわけではないのです。なぜなら企業が望むのは、たまに大ヒットを飛ばすような人ではなく、こつこつとまじめに、地道に働いてくれる人だからです。

　島津製作所に勤めながらノーベル賞を取った田中さんのような方でさえ、地道な業務の積み重ねが評価されたのです。ましてやごく普通の社会人にとって、評価の対象になるのは普段の仕事ですし、成果として主張すべきなのも、普段の仕事の成果です。

　実用文の基礎はまず日常業務への取組みからと、繰り返し述べてきましたが、つまらない話といわれないためにも、やはり日常業務を大切にしなければなりません。それは単に昇進試験だけではなく、あらゆる実用文に共通するのです。

♣あせらず仕事を見つめることの大切さ

　以上が理解できたなら、仕事の中での問題点や改良点にはなにがあるか、手にペンを取って考えてみましょう。少しでも読み手の利益につながるなら、どんな些細なことでもよいのです。

　ただし、手を動かさないまま、頭だけで考えてはいけません。おおざっぱな思いつきでかまいませんから、パソコン画面上ではなく、必ず紙に書き記すのです。

　思いつきを思いつくだけあげ切ったら、次にその１つ１つについて、なにをどうするのか絵図にして、思考を詰めていきましょう。ちょうど双六をつくるように、考えられるあらゆる障害や必須の要素を１つ１つつぶしながら、ゴールまでの道筋をつくり上げるのです。

　もしゴールまでたどり着かないのなら、その思いつきは実用文の内容とするわけにはいきません。無理にその話を使ったなら、それこそ読み手の利益にはならず、「つまらない」と評価され、結果として書き手の利益にもなりません。

　だからこそ時間をかけて、思いつきは思いつくだけ書き上げる必要があるのです。これは確かに面倒ですが、このような書く前の準備が十分でないと、決して評価される実用文は書けません。せっかくの思いつきをつぶす作業は一見無駄に思えますが、避けて通れない重要な過程なのです。

Q23 「どこかで聞いた話だよ」と評価されたときの対策は

Answer Point

♧どこかで聞いた話は、一見いい話であっても、読み手の利益になりません。
♧その解決は日常業務と結びつけること。それが独創性を生むのです。

♣お説教を喜ぶ人はいない

　子供はお説教を嫌います。しかし大人はもっと嫌います。まさに、子供扱いされたと感じるからです。
　ところが、大人の世界にも、お説教は流布しています。例えば毒にも薬にもならない原則論、実現しそうにない理想論がそうです。
　これらの正論は、確かに全面否定することはできません。しかしビジネスの現場は、そんな話が通用するような甘いものでないことは、皆さん百も承知でしょう。
　ところが実用文に、このような原則論、理想論を見ることはまれではありません。社会人経験を何年も積んだ書き手の文章であってさえです。学生の書いた文章ならともかく、これでは読み手は納得せず、「どこかで聞いたような話だよ」と感じること請け合いです。

♣知っていることを読まされてもありがたくない

　「どこかで聞いたような話」には、もう1種類あります。それは、読み手もよく知っている話です。例えば、マスコミで流された主張は、ほぼ間違いなく読み手も知っていると考えるべきです。
　人間はとてもプライドが高い生き物です。
　どこかで聞いたような主張を改めて目にしたとき、「そんなことは知っているよ、それをわざわざこの私に教えようというのか」と感じるか、あるいは「そんな誰でも知っているようなことしか、この書き手は知らないのか」と感じます。
　おおかたは後者でしょうが、いずれにせよ、書き手の評価を下げることに変わりはありません。

♣ 剽窃(ひょうせつ)は必ず発覚する

　ところが、このような話もまた、実用文で目にすることは珍しくありません。一番ひどい例として、ネットで拾ってきた事実や意見を切り貼りして、文章に仕上げているものさえあります。

　いくらネットで調べようとも、ここには書き手自身の意見はありません。しかも実用文の読み手は、そんなに不勉強ではありません。上司も人事担当者も外部の業者も、そのどれかには、必ずこれが切り貼りと気づく人がいます。そうなれば、これは剽窃（他人の意見を盗むこと）として、もっとも厳しい評価が下されることになります。したがって、いかなる実用文でも、その自説は書き手自身でつくり上げるしかないのです。

♣ 独創性というのは

　こうした文章を避けるために、しばしば発想のユニークさ、独創性が必要だといわれます。しかし、これは誤解、少なくとも不十分な理解です。

　例えば、少子化対策のために、クローン技術で人間の子ども量産するといった提案はどうでしょう。あるいは、高齢化対策として高齢者に長生き税を課して、長生きが不利になる制度をつくる、といった提案もあり得ます。

　確かに、これらの提案は誰も思いつかない、あるいは思いついても提案しないという点では、ユニークであり、独創的といえます。しかし、このような見解では、読み手の同意や納得は得られないでしょう。そもそもこうした提案は社会の反発を招き、最終的にはビジネスとして利益に結びつきません。

　突飛な自説もいけない、正論もいけないとなれば、途方に暮れるかもしれません。とりわけ、読み手の利益を考えようとすれば、自説はどうしても正論になりがちです。

　しかし、実は正論であってよいのです。いけなかったのは、その正論が業務と結びついていないからです。正論実現の具体的な実践プランを、Q22のように立てられるなら、「どこかで聞いたような話」にはならないのです。従って独創性もまた、日常業務を見つめることで得られるのです（図表30）。

【図表30　理想論・一般論は日常業務で裏づけする】

一般論　　　　　＋　　　日常業務　　　＝　　独創的な考え
理想論

Q23 「どこかで聞いた話だよ」と評価されたときの対策は

Q24 「仕事を馬鹿にしているのか」と叱られたわけは

Answer Point

♣このような評価を受けるのは、問題を他人事として捉えているからです。
♣他人事としての記述は、非常に厳しい評価に繋がります。

♣他人事ではいけない

「仕事を馬鹿にしている」というのは、ずいぶん厳しい言葉ですが、実際にこのような感想をもつ人事担当者は少なくありません。また、このような叱責や批判を受けた方も、皆さんの中においでかもしれません。

この原因は、与えられたテーマを書き手自身の問題として捉えていないことです。そもそも、書き手が関係しなかった問題に対して報告書を書け、といわれることはありません。同様に、企画や提案でも、書き手になんの役割もない、といったことはないはずです。それなのに書き手自身の役割を無視した、いわば他人事として記述された実用文は、非常に低い評価になります。

昇進試験などの場合も、条件は同じです。一般に昇進試験では、書き手＝解答者自身の業務を問題にする形になっています。なぜなら、Q22・23のような「つまらない」「どこかで聞いた」という問題が起こらないように、予め配慮されているからです。

それゆえ、まず書き手自身の対応・対策を書かないのは、設問の要求＝書けといわれていることを無視していることになります。

他人事として書かれた実用文は、さらに深刻な結果を招きます。そもそも、今日のビジネスで文書が重視されているのは、組織内の問題を全体的な関連の中でとらえるためでした。加えて書き手にその解決能力があるかどうかも、実用文によって経営者は判断しようとしています。

それなのに、組織の抱える問題を自己の業務と結びつけて考えることができないなら、昇進の対象から外されるだけではなく、経営環境が厳しい場合には、リストラの対象ともなりかねません。読み手が厳しい言葉を用いるのは、こうした態度に対する警告だといえるのです。

♣他人事と考えている文章の事例

　しかし、皆さんは、「仕事を馬鹿にしている」という自覚はないでしょう。少なくとも、そのような文章を意図的に書くことはないはずです。しかし、このような文章は珍しくありません。以下その実例をみてみましょう。

　WIEが研修をお手伝いしたF社は、空調設備の製造・販売が主な業務です。その昇進試験は、商品開発部門から、営業部・総務部の人まで受験しますので、所属によって有利不利が生じないよう配慮が必要でした。そのため、「あなたの部署」の問題点をあげた上で、その解決のために「あなたが実践すること」を書く出題になりました。

　この設問に対して、問題点の指摘までは、ほとんどの方が適切な事例をあげていました。しかし、その解決策として、他の部署がなにかをすればよい、会社として対策を立ててほしい、といった答案が続出したのです。

　その一方で、大規模な業務の改変を伴う提案もありました。しかし、書き手の現在の立場で、その実行権限があるとは思われないのです。仮にそのような権限があるにしても、実施のためのコストやその捻出法、改変に伴うマイナスの可能性は、記してありませんでした。

　これでは、「所詮他人事と考えている」と受け取られるしかありません。

　この設問は、「誰かが」または「組織が」なにかをすることを問うたのではありません。「自分がなにをするか」です。それなのに、このような文章を書けば、要求されたことを無視し、自分の業務とは全く無関係の問題として書いている、業務を他人事と考えていると判断されることになります。

　決して悪意があるわけではないのでしょうが、重要な問題を組織全体の視点で考える場合には、しばしばこのような失敗をしてしまいます。普段、「ほどほどに働いて給料はちゃっかりいただこう、あわよくば昇進しよう」あるいは「働いていますよ、とのパフォーマンスで乗り切っていこう」と考えていると、えてしてこうした文章を書きやすい、その結果として、昇進させるべき人材ではないとの、烙印を押されてしまうのです（図表31）。

【図表31　書き手がどうかかわるかがない文章はダメ】

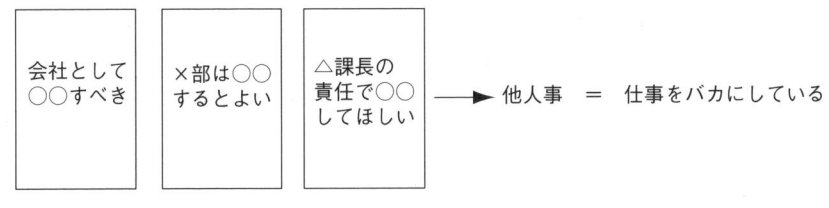

| 会社として○○すべき | ×部は○○するとよい | △課長の責任で○○してほしい | → | 他人事　＝　仕事をバカにしている |

Q25 「協調性がない」と評価されたけど文章にも協調性は必要ってホント

Answer Point

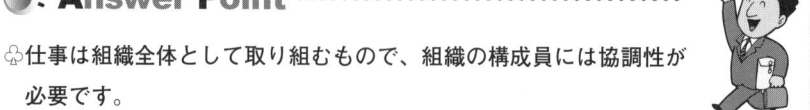

♣仕事は組織全体として取り組むもので、組織の構成員には協調性が必要です。

♣単なるノスタルジーからの発言もありますが、このような評価を受けたら自分の文章を振り返ってみることです。

♣楽をしない

　実用文の内容に協調性がないといわれる場面は、3つに分けて考えられます。1つ目は読み手の要求を書き手に都合よく解釈した場合、2つ目は自説が身勝手である場合、3つ目は自説の実行過程が身勝手である場合です。

　1つ目については、Q15で述べたとおりですが、ここで付け加えるなら、楽をしてはならないという原則を覚えておいてください。

　つまり、楽に書けることのみで実用文を構成しない、ということです。大学生にXというテーマを与えてレポートを課すと、「Xはともかく、ここではYについて論じたい」などという、不真面目な答案が返ってくることがありますが、これはXについて調べたり考えたりしたくないので、よく知っているYで書こうとしたものです。

　学生ですらこれは通用しませんが、社会人ならなおさらです。ところが、こうした実用文は、それほど珍しいものではありません。特に昇進試験の答案では、むしろ半数を超えてしまうといっていいのですが、そうならないために、やはり業務を自分事として見つめねばなりません。

♣誰が得をするのか

　次に、自説が身勝手である場合ですが、これを防ぐには、自説を実行した結果、得をするのは誰かという検討を、立てた自説に加えることです。

　実用文は、読み手の利益を語るものですが、そのつもりでも、うっかりすると自分の利益を語ってしまう場合があります。

　例えば、業務の効率化を問われたのに対し、さまざまな具体策をあげたとします。具体策のそれぞれが実現可能であったにせよ、もしその結果楽をす

るのが書き手自身なら、これは協調性がないと評価されてしまいます。これは他のテーマが出されたとしても同様で、業務とは必ず同僚とともに行うものだという視点がないと、自分の話、自分の利益のみを語ってしまうことになりかねないのです（図表32）。

【図表32　書き手の問題としてしか捉えないものは不可】

　　　　　私は……に取り組んだ　　　　×
　　　　　　　　私は〜した　　　　　私は〜だと思う

♣誰がやるのか

最後に、自説の実行過程が身勝手である場合です。こうならないためには、自説の実行にあたって、書き手自身がなにをするかを、必ず述べなくてはなりません。

ほとんどの実用文では、書き手や書き手の属する部署の業務に関して問われますから、「誰かがやるだろう」と、自説を他人事としてとらえていることが読み手にわかってしまえば、やはり協調性がないと判断されるのです。

それは同時に、書き手自身のモチベーションがどれほどあるか、示すことでもあります。自分で手がけ、成功してみせるという意気込みが感じられないようでは、いかに立派な自説を立てても、誰一人本気には受け取りません。当然、その実用文の評価も、下がらざるを得ないのです。

♣協調性がない文章の実例

では、実際にどのような文章が「協調性がない」とされるのでしょうか。

WIEが、課長職候補となる世代の文章指導を請け負ったとある企業があります。そこでの設問は、「昨年1年間を振り返って、所属部署にとって最も重要だと思われる問題を、それを取り上げた理由とともに報告してください」というものでした。

ところが、提出された答案のほとんどが、解答者が個人的に印象的だったと思う事例の報告になっていました。ある営業部員は、昨年彼が担当した中で最大の契約額だった事案に対して、自分がどのように行動したか詳細に報告していました。また、システム障害の解決のために、半月の泊まり込みを含め数か月かかりっきりになった事例を書いたSEの方もいました。

しかし、これらの答案は、自分が取り上げた問題がなぜ重要なのか、とい

う点にはほとんど答えていません。いずれも自分が、最も長い時間その仕事に関わった、といった程度の理由しかあげていないのです。驚くことに、30名ほどの受講者のうち、20名以上の答案が、このようなものでした。

これらの答案に共通しているのは、「所属部門にとって」という設問の要求を無視したものです。仮に、昇進試験の答案としてみるならば、問われたことに応えていないのですから、それだけで大幅な減点は免れません。

さらに、それ以上に致命的なのは、所属部署の同僚を全く無視している点です。つまり同じ部署の人々がどのように行動したか、彼（女）らにどのような影響があったか、といった記述が欠落しているのです。これでは課長として、組織の中で責任ある立場に就いてもらうわけにはいきません。なぜなら、組織の中でいかに協力し、部署全体の目標を達成するかということが、みえていないからです。

♣協調性にはノスタルジー以上の意味がある

かつて日本企業では、業務だけではなく、会社帰りや休日にも社員同士の濃密な人間関係がありました。さらに社宅での近所づきあいなど、家族ぐるみの交流が見られました。この濃密すぎる人間関係によって、社員に過度の横並び意識を生み出すなど、社員個々人の能力を発揮しにくくしたことは否定できません。

「協調性がない」という批判の陰には、こうした時代に入社した古参社員のノスタルジーもあるでしょう。このようないわば感覚的な発言なら、さして心配するには及びません。

しかし、組織の一員として自分という視点を見失い、個人の印象の範囲でしか発言していない、という意味での批判であれば、これは深刻に受け止めるべきです。

とりわけ昇進・昇格試験の場合には、こうした協調性のなさは、致命的な減点になります。なぜなら、昇進・昇格すれば、上司として部下の管理と指導にあたらなければならないからです。

協調性のない人物が集団のリーダーになったのでは、その集団にチームワークは期待できません。協調性がないというのは、それだけで人の上に立つべきではないということになるのです。

実際、協調性がないという批判に反発する前に、まず自分が書いた文章が、組織の視点をもっているかどうか、疑ってみてください。

Q26 やる気を強調したはずなのに「熱意が感じられない」といわれたときのいけない点は

◎. Answer Point

♧ビジネスの世界でも熱意は必要であり、評価の対象になります。
♧実用文で熱意を示すとは、熱意の結果である具体的な問題提起と対策を書くことです。

♣熱意は必要

　学校や企業へ提出する志望動機書などを書く際には、熱意を示すようにしなければならない、ということは皆さんもご存知でしょう。採用する学校や企業側としては、新しく組織の一員になる人物に対して、熱意を求めるのは、当然だからです。

　しかし、日常業務の中で書く実用文にも、このような熱意が必要だということには、疑問を抱かれるかもしれません。高度経済成長期にもてはやされたモーレツ社員は時代遅れであり、もっとクールな人材が求められていると考えても不思議はありません。

　確かに、冷静な判断、時には厳しい自己批判も求められる実用文に熱意を示すことは、不要なばかりか、かえって正確な事実を書くのに障害になることもあるでしょう。しかしそれでも、ある種の熱意は必要なのです。

　例えば、提案や企画では、単に事実関係を指摘しただけでは、その有効性を示すことはできても、実現性までを示すことはできません。提案や企画に携わる人が、その実現のために責任をもって努力するかどうか、わからないからです。ですから、提案や企画を提示した本人が、どこまでこの問題に熱意をもって取り組むかを示す必要があるのです。

　昇進試験の答案なら、なおさらこの熱意が強く求められます。昇進試験に合格すれば、当然それまでとは異なる立場になり、新しい仕事と責任を受け持つことになります。これらにふさわしい熱意がない人材を、企業としては昇進させるわけにはいきません。ですから、新たな立場に就くだけの意欲、すなわち熱意があるかどうかもまた、評価の対象になるのです。

　こう考えると、実用文で熱意を示すことは、決してくだらない精神論などではなく、大変重要なことだといえるのです。

♣いくら言葉を飾っても熱意は示せない

　では、どうすればその熱意を示すことができるのでしょうか。
　WIEが添削で、「熱意を示すようにしてください」とコメントしますと、多くの方が「一所懸命やります」「誰にも負けないようにします」といった記述を返してきます。
　しかし、このように熱意の強さ、程度を示す言葉で飾っても、それだけでは全く効果はありません。Q18でも注意しましたが、こうした程度を示す副詞・形容詞を書き連ねても、無内容な文章になるだけです。
　このような実用文を読んでも、読み手は書き手の熱意がどの程度なのか、判断のしようがありません。例えば「一所懸命」と「誰にも負けない」のとでは、どちらの熱意が高いか比較のしようがないからです。これが昇進試験の答案であれば、採点者はこのような記述があっても、評価の上では無視してしまいます。

♣まじめに仕事に取り組んでいることを示せば熱意は伝わる

　結局、熱意を示すには、問題を多方面から検討し、深く考察していることを伝えるしかありません。考察から得た解答者の具体的な経験に根ざした知識を示すことは、解答者の問題意識の高さ、さらには仕事に対する積極性を示すことになるのです。
　熱意があれば、それだけ問題を真剣に考え、あらゆる場合を想定し、それぞれに対してどのように対応するべきかを考えるはずです。その結果、見つかった、具体的な問題点とそれへの対応策を書くことが、熱意を示す最も有効な方法なのです（図表33）。

【図表33　求められるのは熱意を行動で示すこと】

　ですから、先ほど批判した「一所懸命」「誰にも負けない」といった言葉も、具体的な熱意の結果、すなわち問題点とそれへの対応策を書いた上で用いれば、説得力をもつのです。

Q27 「人の上に立つ器ではない」という評価の真意は

Answer Point

♣「人の上に立つ」ことができなければ、昇進できません。
♣そのために必要なのは、日常業務を1ランク上の視点で見ることです。

♣このような評価は昇進試験では致命的

　日常業務の中で書く実用文なら、このような書き手の資質を直接問題にするような評価は少ないでしょう。しかし、昇進試験では、「人の上に立つ」ことができるかどうかは重要なポイントになります。

　そこで、「人の上に立つ」能力がないという評価を受ければ、直ちに不合格です。

　しかし、WIEがお客様の昇進試験をお手伝いしていると、こう評価せざるを得ない答案にしばしば出会います。もちろん、出題側としては、必要なだけの昇進者を確保しなければなりませんから、時には答案に少々問題があっても、合格とする場合もあります。

　しかし、こうした「人の上に立」てない方を合格させることはできないのです。ですから、このケースはまず真っ先に不合格になるといえます。

♣昇進の前提として最低限必要なこと

　最低限の必要事項として、組織の中で自分がどのような立場にいるのかを理解していなければなりません。独立の職人・芸術家ならともかく、サラリーマンはどこまでいっても組織の一部です。

　したがって、周囲との協調、相互の情報交換（いわゆる「ホウ・レン・ソウ」＝報告・連絡・相談）は義務なのです。これができないことを文章で示したならば、読み手は書き手をサラリーマンとして失格と評価します。

　管理職でなくても、この有様です。ましてや人を管理し、統制するべき管理職の意識が、他者不在であったらどうなるでしょうか。いうまでもなく、こうした人物は、管理職として登用すべきでないという判断になりますし、それは皆さんが所属する組織にとって当たり前の論理です。

♣1ランク上の視点を

　ここまでは最低限の条件であり、「人の上に立つ器」としては不十分で、さらに次の2つの条件が必要です。

　第1に、管理職になれば現在の同僚に対して、指導・監督する立場になります。これを行うには、所属部署にはどのような業務があり、誰がなにを分担しているか、正確に知っていることが必要です。

　場合によっては、昇進と同時に部署が異動になり、他の部門の管理職になることもあるでしょうが、どのような部署に属すことになっても、部下の役割を理解する能力は必ず要求されます。

　第2に、昇進すれば、所属部署の責任者・代表者として、他の部署と連絡をとり、業務を調整しなければなりません。したがって、少なくとも業務上で関係の深い部署については、その役割や現在抱えている問題点を理解していることが求められます。これもまた、昇進後に自分の所属する部署が異動になっても、その必要性は変わりません。

　「人の上に立つ」ためには、こうした知識や能力が不可欠なのです。それを身につけるためには、現在皆さんが担当している業務を、個人のレベルで極めるだけではなく、周囲の状況にも、目配りしておかねばなりません。

　より具体的にいえば、もし課長になったら、同じ課の人たちにどのような仕事をしてもらいたいか、あるいは他の課とどのように業務を分担し協力していくか、といったことを考えることが必要です。

　こうして昇進後にどうするか、という1ランク上の視点を持つことで、「人の上に立つ器」と評価されるのです。

【図表34　昇進後に必要な視点を用意する】

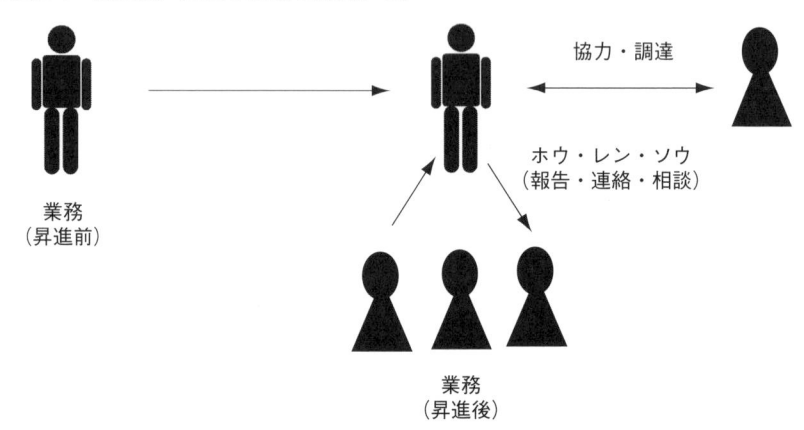

業務（昇進前） → 　　協力・調達　　　
　　　　　　　　ホウ・レン・ソウ（報告・連絡・相談）
業務（昇進後）

4 よい文章を書くために日常心掛けておきたいことは

　書き手の人格や業務への姿勢は、実用文にそのまま反映されます。優れた実用文を書くためには、日頃の準備が大切です。

　日常業務からいかに実用文の材料を集めるか、効率のよい実践法を学びましょう。

Q28 実用文の材料の集め方は

Answer Point

♣ 日常業務の意義を考え、知識として蓄積します。
♣ 簡単な方法を工夫して、記録を取っておきます。

♣ なにはなくとも日常業務

　ここまで、実用文として低く評価されるのはどのようなものか、事例ごとに検討してきました。ここからは、そうした失敗を避け、優れた実用文を書くための方法を考えていきましょう。

　優れた実用文に最も大切なものは、皆さんが日常行っている業務です。これなくしては、そもそも実用文を書く材料が手に入りません。また、既に見てきたように、皆さんの実用文が低く評価される原因も、すべて日常業務から得られる知識を正しく文章に反映させることで解決するのです。

　しかし、このためには、日頃漫然と業務に取り組んではいけません。単に上司からいわれたことを、いわれたままに処理しているだけでは、実用文の材料を蓄積することはできません。

　こうした仕事ぶりでは、いわば目先の状況を切り抜けることしかできません。そこから、自分が所属する部署全体の中でどのような意義があるか、またどうすれば組織全体に貢献できるか、といった材料を発見できないのです。それどころか、こうした意味づけができなければ、記憶にも残りません。そのせいで、せっかく毎日取り組んでいる業務が、実用文に必要な体験や知識として身につかないのです。

♣ 自分の職場を見つめる

　こうした問題を克服できるかどうかは、日常業務への取組み方次第だといえます。自分の日常業務の意義を理解するためには、全社的な視点で考えることが必要ですが、その前提は、皆さんが所属する部署が、組織全体の中でどのような役割を担っているかを、正確に認識することです。

　しかし、それは会社の組織表などを見れば、誰にでもわかることです。ですから、むしろ個々の具体的な業務の行末が、他の部門の業務とどう関係す

るのか、絶えず意識することが大切です。

　ただし、それらを意識するには、普段の仕事の中で自己の業務を、誰でもない自己そのものの責務と心得て、アンテナを張り、考えていることが必要です。

　逆にいえば、「定時まで椅子を暖めていればいい」「やらなくたって給料は出る」と考えていると、自分の仕事の意義などわかるはずはありません。

　確かに、関心のもてないことに対しては、積極的に取り組む気は起こらないかもしれません。しかし、最初はおっくうでも、仕事の意義がわかってくれば、興味も湧いてくるものです。こうなれば、周囲から情報を集め、それを考えることの面倒臭さも、大いに軽減されるはずです。

♣記録・メモをとる

　ただ、興味をもてたからといって、日常業務から得られる重要事項をすべて記憶しておくことは困難です。特に、自分の業務の意味が明らかになるにつれ、憶えておくべき内容も変わってくるでしょう。あるいは、最初はどうでもよいと思っていたことが、後で重要だったと気づくことさえあります。

　ですから、普段からせっせと記録やメモを取っておかないと、いざ実用文を書こうとしても、なにを思い出したらよいか手が着かなくなってしまいます。

　こうした記録・メモがあれば、「○○について報告書を書いて」あるいは「××の提案をまとめるように」といわれても、戸惑うことはありません。少なくとも材料集めの苦労はしなくてすむはずです。

♣記録をとる時間を工夫しよう

　しかし、記録を取ろうというのは簡単ですが、実際には難しいことです（図

【図表35　日常業務は情報の宝庫】

配付される文書　　ユーザーからの問合せ　　メモ　→　実用文

取引先のお話　　会議の内容

表35)。業務の処理だけでも、通常の勤務時間内では終わらず、残業している方も多いことでしょう。その上に、記録するための時間を確保するのは、大変なことです。

　この記録を取る作業は、できるだけ短時間で済むよう工夫が必要です。例えば、業務日報などの形で、毎日報告書を書くことが義務づけられている職場があります。毎日ではなくても、週1回・月1回など一定期間ごとに報告書を提出させるところは少なくありません。これをただ提出するだけでなく、控えを保存して利用するのです。

　あるいは、手帳を利用して予定表を作成している方なら、これを単なる予定表で終わらせるのではなく、その予定がどうなったか、結果も書くようにすると、貴重な記録になります。

　これらの例を参考にして、皆さんも時間の掛からない方法を考えて、実践してみてください。万一、昇進試験がすぐそばまで迫っていて、こうした記録がない場合でも、なんとか記憶を頼りに、業務についてできる限り多くのことを思い出し、それを書き取り、整理する作業は絶対に必要です。

♣メモを取るのは自分のため

　それでもなお、メモを取るのは面倒です。しかし業務の記録を自分で取ることには、単に優れた実用文を書くための意義があるだけでなく、組織の一員として生き残っていくための手段としての意義もあります。

　近年、派遣社員が全従業員に占める割合は、企業によっては半数を超える勢いです。同じ職場で同様の業務に携わっていながら、正社員の働きぶりが非正社員と同じであれば、今後生き残っていけるでしょうか。

　企業にとっては、個々の従業員もまた、コスト計算の対象です。同じ成果を上げるなら、コストのかかる正社員よりも、よりコストの安い非正社員に魅力を感じるのは避けられません。

　したがって、正社員にとっての今日的課題とは、非正社員にはない価値、すなわち組織に対する忠誠心や業務に対する責任感を、養っていくことです。その手段は、与えられる待遇だけではありません。記録を残すことで業務を見つめる時間を増やすことは、誰にでもできる養成法なのです。

　同時に非正社員にとっても、こうした自己訓練の積み重ねが、正社員への道を切り拓くことにつながります。正社員への登用を、文章試験で行う企業は珍しくありませんが、そこで問われるのは、技能の優秀さだけでなく、正社員をしのぐほどの、業務への関心でもあるのです。

Q29 いざとなると書くことが出てこないのはなぜ

Answer Point

♧ 記憶だけでは、実用文の材料としては不十分であり、整理が必要です。
♧ この整理の努力は、日常業務そのものの改善にも貢献します。

♣ 記録するだけではなく整理する

Q28では、日常業務を記憶する、あるいは記録する方法について述べました。これによって、とりあえず実用文に必要な材料の蓄積はできるはずです。しかし、これだけでは、すぐ実用文が書けるようになるわけではありません。

皆さんが学生時代に経験した、暗記科目の試験ならともかく、実用文は単に記憶した内容をそのまま再現するだけでは、その目的を達成することはできません。なぜなら、たとえ報告文のような、過去の事実を書くことが中心になる場合でも、重要性に応じて出来事を取捨選択したり、原因と結果といった視点で、出来事を相互に関係づけたりしなければならないからです。

また、企画書・提案書であれば、書き手の提案の必要性や有効性を示すために、論証に使う事例を選ぶことは、単に記録を蓄えるよりも難しい作業です。

♣ 昇進試験には記憶の整理が不可欠

まして昇進試験であれば、一般にノートやメモなどの記録を試験場に持ち込むことはできませんから、雑然とした記憶だけでは、役には立ちません。しかも試験には制限時間がありますから、必要な記憶を呼び覚ますのに、時間を掛けることもできません。

これを解決する方法は、記憶を整理しておくことです。例えば、現在業務の上で問題になっている事項ごとに、関連する情報を集めておく、あるいは時間軸に沿って、因果関係に沿ってなど、さまざま視点で、日常業務での経験をまとめおくのです。

このように知識を整理しておけば、実用文を書かなければならないとき、どのグループの知識を使うべきか、短時間で判断できるようになります。

ただ、なんとなく覚えているのではなく、これまでにあったことを整理し

て、いくつかのグループにまとめておくことで、初めて日常業務の体験は、実用文の材料として使えるものになるのです（図表36）。

【図表36　頭の中で整理しておく】

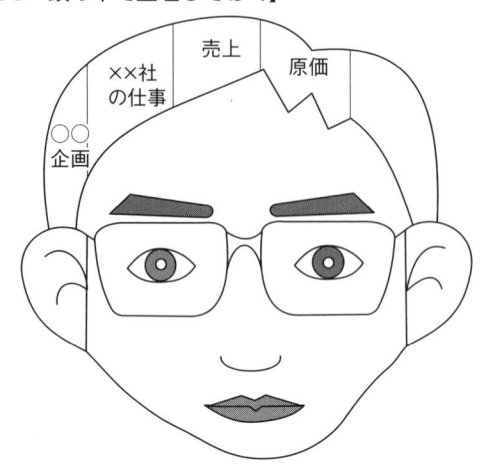

♣整理の方法は

　しかし、日常業務を記録しておく時間さえ十分にないのに、整理のためにまとまった時間を確保することは、ほとんど不可能でしょう。とはいえ、整理に必要な視点を用意しておくことは、できるはずです。

　その際、まず注目すべきは、皆さんの所属する組織で、現在問題になっていることはなにか、という視点です。例えば、売上を伸ばすこととか、同じ売上でも収益率をよくすることとかです。あるいは、新規商品の開発なのか既存商品の改良なのか、新分野への進出なのか既存の得意分野での優位を守ることなのか……といった視点です。

　これは、Q28で述べた「アンテナを張る」、すなわち自分の業務を取り囲む周辺の状況を絶えず意識していれば、自然と目に触れ耳に入ってくるはずです。そして、日常業務を通じて経験することを、これらの視点で考えれば、それぞれがどのグループに属する問題なのか、整理できるようになるでしょう。

　もちろん、こうした整理を紙に書くなどの方法でまとめる時間があれば、それに越したことはありません。ただ、これは実際に報告書や企画書を書く直前でも間に合います。昇進試験の準備でも、やはり直前に今まで記録やメモを見て、整理をしておくだけで十分です。

　確かに、試験では記録やメモの持ち込みは許されません。しかし、こうし

た整理をすることで、忘れていたことも新たに記憶しなおすことができます。
　ただ、その整理する視点は、現在の日常業務の問題点と、常に寄り添うようにしてください。

♣整理のための技術論

　ここまで、業務を見つめる手段として、常に「手で書く」ことをおすすめしてきました。しかし、こと整理の段階に入ったなら、むしろITを活用すべきです。
　メモを手で書くことを推奨したのは、記憶というものが、言葉ではなくむしろ映像や感覚といった、言葉以外でできているからです。ですから、メモの段階では、思い出した個別のものごとの間を、線で結んだり絵図を書いたりといった作業が必要です。これには断然、紙を使ったほうが有利です。よほど画像を扱うソフトに堪能な方ならともかく、普通は手で書いたほうが速いでしょう。
　しかし、こうして集めた情報は、最終的には文章にせねばなりません。そのためには、言葉にしにくいことがらの関係を、言葉に置き換えることによって、メモや絵図段階より、一層整理を進めておかねばなりません。ただしその過程では、書き足し・文の入れ替え・言葉の選択といった、試行錯誤がつきものです。それには手書きより、ワープロソフトのほうが速いでしょう。
　いかなる人の集中力にも、限りがあります。それを有効に活用するためには、手段選びに全力を尽くすべきなのです。

♣整理された記憶は日常業務の戦力になる

　ここまで、よい実用文を書くためには、どのように日常業務を利用するか、といった視点で説明しました。しかし、ここまで述べてきたことは、同時に日常業務の改善にも繋がります。
　例えば、皆さんの業務を、組織の中で位置づけることができれば、同時に命じられた仕事のうち、なにから始めるべきかという優先順位を付けることができます。
　また仕事を共にする同僚や他の部署と情報交換をすれば、より効率的な仕事の進め方を見つけられるかもしれません。
　このように、日常業務から得た知識と経験は、実用文を書くために役立つだけではなく、日常業務の効率化にも役立つのです。

Q30 書くことがいつも同じになってしまうときは

Answer Point

♣ 問われていることが異なるのに、同じ実用文を書いてはいけません。
♣ この問題を克服するには、ビジネスパーソンに相応しい教養が必要です。

♣ 知識の量ではなく教養の問題

　同じ材料から同じ目的の実用文を書くのであれば、その内容が同じになっても当然です。しかし、ここで問題にしているのは、要求されていることが異なるにもかかわらず、いつも同じ話を書いてしまうという現象です。

　具体例をいくつかあげながら説明しましょう。この問題は、社員研修をお手伝いした場合に、多く見られます。WIEの研修では、売上の拡大、経営の効率化、今後力を入れるべき部門といった、視点の異なる設問に答えていただく形式が多いのですが、問われていることが異なるにもかかわらず、いつもほとんど同じ答案を書いてくる方がいます。

　例えば、業務の手順を変更することで、残業時間や要員の削減に成功したという答案を、どのような設問に対しても提出するのです。もちろん、業務の効率化という設問に対してなら、これでなんの問題もありません。

　しかし、売上の拡大や新規分野への進出といった設問に対しても、同じ話を繰り返すのです。この話は、設問と食い違っていますから、設問の要求に応えていないことになります。したがって、昇進試験の答案としては、採点上ほとんど0点になってしまいます。

　このような問題が起きるのは、当初は設問の内容を誤解しているからだと考え、添削の際、設問の要求をより詳しく説明しました。それでも再提出答案をみると、ほとんど直っていないのです。

　そこで、調べてみたところ、どうやら答案を書いた方は、設問の要求に沿った適切な事例を知らないという知識の問題だ、だからこれ以外では書きようがないと考えているようです。しかし、同じ事例を用いても、設問が異なれば、それに応じた記述ができるはずですし、そのような答案を書く方も、同じ講座を受けている方の中に必ずいるのです。

そうなると、これは知識の多少の問題ではなく、それを用いる考え方に原因があると考えられます。すなわち、知識をどう活用するかという、教養の問題なのです。

♣教養というのは

ここで、教養という言葉への誤解が多いようですので、少し説明しておきましょう。よく知識の豊富な人のことを「教養がある」といいますが、これは不正確な表現です。

教養とは、さまざまな知識を学ぶことで身につく、心のコントロールのあり方をさします。したがって、教養を身につけていく中で、確かに知識は豊富になりますが、得た知識そのものは、教養ではありません。そうではなく、新たな問題に出会ったときに、それを解決する方法を身につけていることが、教養があるということなのです。

Q28・29で、日常業務を通じて知識を蓄積し、さらにそれを整理しておくことの大切さを指摘しましたが、それだけではまだ十分ではありません。それらの知識を用いて実用文を書くには、それに相応しい教養が必要なのです。

このような知識の活用法が身についていれば、たとえ知っている事例の量が少なくても、状況に応じて適切な実用文を書けるようになります。つまり、知識は乏しくとも、それを様々に解釈して、多様な思考を展開できるようになるのです（図表37）。

【図表37　知識ではなくその利用方法が教養】

この教養を身につけるには、①読書などを通じて、優れた考え方に接する、②その考え方を実践することで、使いこなせるようにする、といった作業が必要になります。

以下のQで、この問題をより具体的に取り上げることにしますが、ここでは、教養を身につけるには、単に知識を増やすのとは、別の方法が必要だということを理解してください。

Q31 文例集や先輩・同僚の模範解答の使い方は

Answer Point

♣ 模範文を丸写しや丸暗記しても、役に立ちません。
♣ 大切なのは、書かれた結果を覚えるのではなく、思考過程を学ぶことです。

♣全く同じ問題は出ない

　実用文の書き方に悩む方が多いためでしょうか、模範的な文例を集めた本が出版されています。また、高く評価された先輩や同僚の実用文を見せてもらい、その書き方を学ぼうとする方も多いようです。

　実用文を書く練習として、これら模範文を利用するのは悪いことではありません。しかし、その方法によっては役に立ちません。それどころか、使い方を一歩誤りますと、有害にもなります。

　もっとも悪い利用法は、模範文を丸暗記することです。特に昇進試験対策として、丸暗記してそのまま答案として書くのは絶対にいけません。こうした利用をする方は多いのですが、道徳としていけないというより、実利を考えてもはっきり有害です。

　なぜなら、昇進試験はもとより、一般の報告書や企画書でも、全く同じ文章を要求されることはないからです。したがって、暗記した実用文をそのまま書いても、多かれ少なかれ見当外れのものになってしまいます。

　また、答案が見当外れにならないよう、暗記する文例の数を増やそうとする方もいます。しかし、こうしてパターンを増やしても、やはり全く同じ問題が出る確率は大変低く、効果はあがりません。

　いずれにせよ、暗記という努力は、大層効率が悪いことといわざるを得ません。これに時間を取られれば取られるだけ、自分が日常業務で得た体験を、整理できなくなるからです。その結果、自分でもよくわかっていない事例を用い、書けと要求されていることに対応できない答案を書くことになります。つまり、いわゆるお門違いの答案になってしまうのです。

♣思考の過程を学ぶために使う

　ただし、利用法を誤らなければ、模範文例は、優れた教材になります。正

しい利用法とは、模範文がどのような状況で、どのような要求に対して書かれたものなのか分析し、「こういう問いなら、なるほどこういう結果になるのだな」と、その考え方を身につけておくことです。

これは数学にたとえるなら、問い→答えの関係から、方程式を導き出すような作業です。逆に、方程式が見つからないような文章は、いかによくできているように思われても、役に立ちません。なぜなら、そのような文章は行き当たりばったりに書いた文章にほかならず、実用文でなにが重要なのか、わかっていない結果だからです。

ですから、どのような立場の人が、誰に対して提出したのかよくわからない企画書や、問題文が収録されていない昇進試験の模範解答などは、読んでもほとんど参考になりません。

♣具体的な学び方は

こうした利用のためには、模範文を数多く読むより、少しでよいですから、よい模範文を精読することです。要求されていることに対して、どのような自説を立てているか、またその自説を論証するための視点としてなにをどのぐらい用意しているか、さらに、論拠としてどのような事例を用いているか、といった点に注目するのです。

また、用意した視点や事例を、どのようなカテゴリーでまとめているか、どのような順序で記述しているかにも注目しましょう。わかりやすい文章にはわかりやすい話の流れが必要ですが、そのつくり方を学ぶのです。

さらに、これはと思う文例を書き写してみるのもよい方法です。目で文字を追っていくのとはまた違って、実際に手を動かすと、模範文の書き手がなにを考えているのかよくわかります。

実は、これもプロの文筆家も修業時代に採用している方法です。小説家を志望する人が、尊敬する先輩作家の作品を全文書き写してみる、という方法を取っていることは、よく知られています。同様に実用文でも、このような学習法であれば、模範文例集は役に立つのです（図表38）。

【図表38　模範解答はじっくり読んで考え方を学ぶ】

少数でもよい模範解答なら手間をかけて学ぶ

Q32 うまくなるにはたくさん書いてみるしかないってホント

Answer Point

♣ いきなり書く練習をするよりは、まずは読書量を増やします。
♣ 読む対象によって特性はさまざまなので、それを知った上で読むようにします。

♣読むという方法は

　最終的には実用文を書けるようになることが目的ですから、書く練習もいずれは必要になります。しかし、そもそもなにを書いたらよいのかわからない段階から始めるのですから、いきなり書く練習をしようとしても無理です。

　それでも、ともかく書く練習を始めることはできますが、これは時間が掛かるばかりで、極めて効率の悪い方法です。しかも、いくら書いても果してこれでよいのか、判断の基準もないわけですから、効果の程度を確認することもできません。それよりは、Q31で述べた模範文例を書き写す作業のほうが効果的だといえます。

　では、実用文の学習は、なにから始めればよいのでしょうか。それには、書く練習の前段階として、読むこと＝読書をおすすめします。優れた文章を読めば、自説の立て方、論証の進め方などを学ぶことができるからです。さらに、これはなにを読むかにもよりますが、正しい国語表現や、日常業務の意義を考えるための知識も身につきます。

　実際、WIEに提出される答案を拝見していると、この読書量が不足していると思われる事例がたくさんあります。その結果、添削コメントで問題点を修正するようお願いしても、直すことのできない方が多いのです。

　この原因は、第1に、指摘された問題点が理解できないという、読解力の不足にあります。第2に、問題点がわかっても、適切な記述ができないという表現力の不足にあります。そして第3に、修正のために必要な、事例の知識不足にありますが、これは業務をみつめることで解決します。

　豊富な読書は、第1と第2、そして幾分かは第3の問題を解決してくれます。しかも、書く練習をするには、筆記具やパソコン、さらにはまとまった時間が必要ですが、読書にはこのような準備は不要であり、通勤や休憩など

短い時間でも実践できます（図表39）。

【図表39　闇雲に書くより読書量を増やそう】

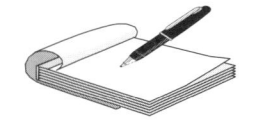

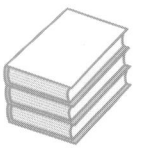

♣ **日常の読書は**

　では具体的になにを読めばよいのでしょうか。

　多くの方がまず思い浮かべるのが、新聞や週刊誌だと思います。確かに、これらを読むことは悪いことでありません。しかし、これはあくまでも報道を目的とするものですから、事実の知識は得られても、それをどう考えるかというヒントはさほど得られません。

　もちろん、客観報道という立場から、多様な考え方が紹介されてはいますが、実用文に必要な自説とその論証という点では、あまり参考にならないのです。さらに、近年、新聞は読者の要望に応じるため、どんどん字数を減らし、文字も大きくしています。つまり、ますます内容が薄くなっているのです。このため記者は、表現をかなり簡潔にせざるを得ず、昔のように、模範的な日本語で書くことができなくなりました。

　また、小説に代表される文学作品を読まれる方も多いでしょう。これは、作者・作品ごとの個性はあるものの、国語表現としては最も洗練されたものです。ただし、芸術的国語表現は、必ずしも実用文の表現には役立ちません。むしろ、不適切な場合が多いといってよいでしょう。しかも、自説と論証の関係を知る、最新情報の知識の獲得という点では、小説には限界があります。

　この点で、最もバランスのよいものは、本格的な論文を収録している月刊誌です。「世界」「中央公論」などの「総合雑誌」の中で、興味のもてる分野の論文を読んでおくとよいでしょう。

　同様のものとしては、経済の問題に限定した経済誌なども対象になります。これらには、特定の専門分野だけではなく、しかもかなり本格的な「論文」が載っていますから、知識と思考方法の両方の参考になると思います。ただし、これらは読むのに時間が掛かりますし、値段も比較的高いのが難点です。

　そのほか、Q31でも触れた模範文例集を含むビジネス書なども参考になるでしょう。しかし、これは読んでもあまり面白くないのが難点です。

　以上紹介したように、実用文の参考になるものはいろいろあります。読書の際は、その読み物の特性を考えて読むと、より効率的な学習ができるでしょう。

Q32　うまくなるにはたくさん書いてみるしかないってホント

Q33 日記やブログを書く習慣をつけて練習する方法は

Answer Point

♣実用文を書く練習とは、同じ特徴をもつ文章を書くことです。
♣日記やブログは、実用文と異質なので、直接の練習にはなりません。

♣文章にはいろいろある

　実用文を書く前段階として、読書の有効性はQ32で理解していただけたと思います。しかし、やはり実際に書いてみることも大切ですが、その際、ただ書けばよいとはいえません。

　それは、文章にはいろいろなタイプがあり、それに沿った練習が必要だからです。例えば、いくら俳句の練習をしても、哲学の論文を書けるようにはなりません。

　したがって、実用文を練習するには、Q7で述べた実用文の基本を満たす文章を書くことが、一番の早道といえます。十分な読書によって、少なくとも望ましい自説の立て方やその論証のしかたが理解できたなら、次の段階としては、そこで学んだことを活かして、日常業務の実用文を書いてみましょう。

　ただし、正しい方法に従い、今までより時間をかけて書くのです。書き上げたら、読書を通じて学んだ点が生かされているかどうか、確認した上で提出するようにしましょう。

　しかし、これは練習というよりは、実用文作成術習得の最終段階ですから、プライベートの場で、実用文と同じ構造の文章を書くとよいでしょう。例えば、簡単なメールを出す際に、読み手の立場を考えて概念を選定する、自説と論証の関係を盛り込む、といった点に注意して書くのです。

♣誤った練習はかえって危険

　「ならば日記やブログを書いてみよう」と考えるかもしれません。しかしこれらの文章は、実用文とは本質的に異なるものです。

　第1に、これらは特定の読み手を想定していません。したがって、使用する概念や表現方法は、自分だけ、あるいはわかってくれる人だけが理解できればよいということになります。

第2に、自説のない単なる記録であったり、その逆に論証のない感想の表明でも通用してしまいます。このような文章を大量に書いても、実用文を書く練習としてはあまり効果はありません。
　名高い小説家が書いた論文が、必ずしも優れたものにならないのは、こうした異質な文章には、異質の技法が必要だからです。
　逆に、異質な文章に習熟してしまうことで、実用文に悪影響が出る場合もあります。つまり、これから実用文を書こうとしているのに、条件の緩やかな日記やブログと同じつもりで、書き手が自由気ままに書いてしまう危険があるのです。
　ただし、なにも日記やブログを書いてはいけないといっているのではありません。実用文とこれらの文章には、基本的な国語表現など、共通する部分もあるからです。そのため、実用文の練習として行うならば、実用文の条件を満たす文章となるよう意識して書くことが必要なのです（図表40）。

【図表40　文章の練習時には性格の違いに注意】

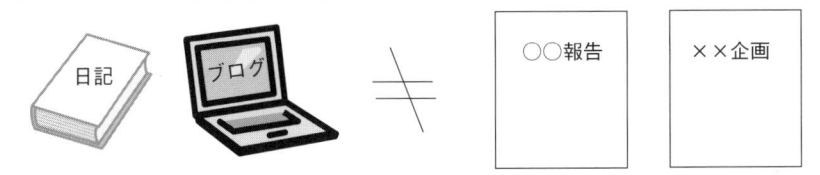

♣昇進試験対策としては過去問の演習

　最後に、実用文でもとりわけ昇進試験と、ブログ・日記との違いについて述べておきましょう。
　日常業務の中で提出する実用文なら、ある程度の書直しは可能です。上司なりお客様なりが、必要に応じて問題点を指摘してくれますし、それに沿って修正すれば、問題ないからです。この点、ブログもまた、簡単に書直すことができます。
　しかし、昇進試験の場合はそうはいきません。失敗してもそれを書直す機会は与えられません。また不合格という判定結果だけは教えてもらえますが、どこがどういけなかったのかなど、細かい情報は非公開です。したがって、ブログを書いてみるだけでは受験準備として不十分です。
　ですから、昇進試験では、同じ試験の過去問を入手して、その答案を書いてみるしかありません。その上で合格された方の答案が手に入れば、それと読み比べ、問題点とその改善を研究しましょう。ただ答案を書いてみるだけではなく、それがどの程度のものか、評価することも必要なのです。

Q34 昇進試験の過去問に挑戦して我ながら上出来のときの首尾は

Answer Point

♣答案の自己評価だけでは不十分であり、自己満足はさらに危険です。
♣他者からの批評が必要ですが、誰に見てもらうかが大切です。

♣自己評価だけでは不十分

　実用文の評価は、あくまでも読み手が行うものです。特に昇進試験では、いくら書き手である解答者が自信満々でも、読み手である採点者が不合格と評価すれば、それまでです。しかも口頭で補足説明をしたり、答案を修正して再提出することは認められません。したがって、書き手の自己評価だけでは、試験対策として不十分だといえます。

　もちろん、落ちるつもりで答案を書く人はほとんどいません。少なくとも、本書をお読みになっている皆さんは、昇進試験ならそれに合格することを目指しているはずです。しかし、それでも試験で失敗するなら、自己評価はあまり当てにならない、まして自己満足は極めて危険だといえるのです。

♣批評してもらう

　そのような危険を避けるため、昇進試験対策として過去問に取り組んだなら、それを誰かに見てもらい評価してもらう必要があります。しかし、単にいい悪いだけの評価や、100点満点で何点ぐらい、といった評価では不十分です。悪い点はどこか指摘してもらい、さらにはどうすればその問題点を克服できるのか、といった批評をしてもらわなければなりません。

　Q33では、自分で書いた答案を合格された方の答案と比較してみるとよい、と述べましたが、これは実際には難しいかもしれません。一般に試験の答案は、下書も含め持出禁止です。したがって、合格者にご自分の答案を再現してもらうことが必要になります。しかし、そこまで協力していただけない場合も多いでしょう。そこで、誰かに批評してもらう必要があるのです。

♣誰に見てもらうか

　では、この批評を誰にしてもらうべきでしょうか。一番簡単に見てもらえ

るのは、同じ試験を受ける仲間・同僚の方でしょう。学生同士で集って勉強会を開いた方もおいでかと思いますが、それと同じです。

しかし、この方法では、実は誰も正しい評価ができない、という可能性が高くなります。確かに個人の自己満足は脱却できますが、それでも仲間内だけの満足に終わってしまうかもしれません。

より望ましいのは、試験に合格した方に見てもらうことです。つまり、既に昇進を果した方、すなわち上司またはそれに準じる方です。しかし、これは同僚に比べれば頼みにくいですし、その方は自分が書いてみた過去問と同じ問題で合格したとは限りません。

また、これはあくまで書き手からの評価ですから、採点者の視点とは多少ズレがあります。

最も望ましいのは、実際の出題者あるいは、採点者に見てもらうことでしょう。しかし、出題者・採点者が誰かは公表されていないことがほとんどですし、実際には社内の方ではなく、外部の業者に委託しているところが多いものです。

そこでWIEのように、一般の方の実用文を添削しているところを利用するのが、最も効果的ということになります。ただし、これにはお金と時間が掛かりますので、その選定は慎重に行わなければなりません。

♣よい批評というのは

添削業者の選定の際に注目すべきなのは、第1に添削に付けられるコメントの量です。一般的に添削では、原稿用紙の余白にコメントが書かれるだけですが、別紙を使うほど大量のコメントを付ける業者なら、その分だけ豊富なアドバイスを持っていることがわかります（図表41）。

これは誰にでもわかりやすい選別法です。個人向けの添削を行っている業者のほとんどは、webサイトを持っています。アクセスして添削例を掲示していたら、ぜひ参照しましょう。

中には添削例を公開していない業者もありますが、そのような業者に依頼するのは考えものです。

実際に、どれほどの添削技術を持っているのか、判定のしようがありませんし、そもそもも公開していないということは、これまでの添削実績がほとんどないことの反映かもしれないからです。

添削では、現物ではなく技術の提供を受けるのですから、安物買いの銭失いにならないよう、具体的な情報で業者を選ぶべきでしょう。

【図表41　全体のコメント量が多い業者を選ぶ】

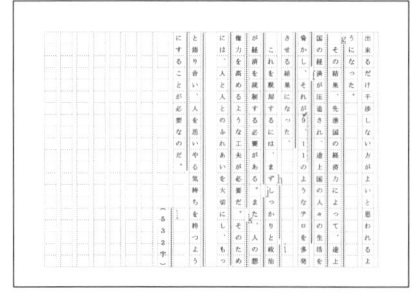

＊例えば、添削コメントが答案用紙の余白のみではなく、別紙を使って大量に記されているなら、良い業者のめやすになります。

第２に、どれほど精密に答案を読んでいるか、つまり赤字が入った箇所の数に注目します。文章力を向上させるためには、指摘すべき箇所には、漏らさず指摘を入れてもらわねばなりません（図表42）。

【図表42　同じ文章を添削しても、右のほうが指摘箇所が多い】

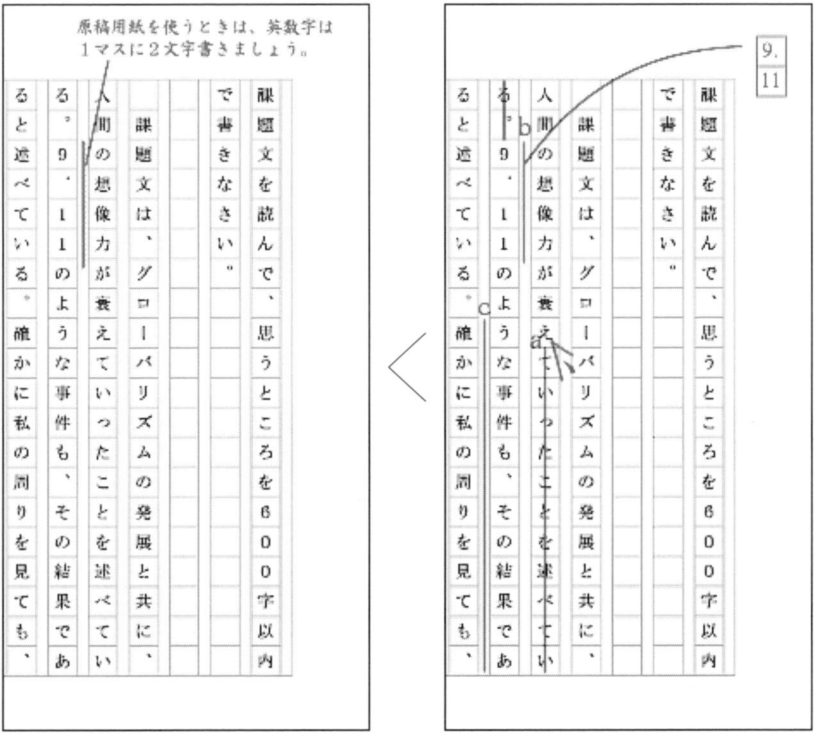

＊同じ文章に対して、より多くの指摘があれば、それだけ学ぶことが多くなる。
　指摘箇所が多いほど、良い添削といえます。

第3に、コメントそのものの具体性・明瞭性です。例えば「もっと〜しましょう」という添削コメントはよく見かけますが、では具体的にどうすればよいか、書き手にはわかりません。これでは普通の人にももらえる感想と変わらず、業者にお金を払う意味がありません。

　赤字箇所が悪いとされたのは、なにが原因だったか、どうすればよいかまで具体的に指示されていれば、自分の文章力をどのようにして高めればよいか、具体的にわかります。これなら、その業者を使う価値があります（図表43）。

【図表43　同じ箇所の指摘でも、右のコメントのほうが具体的】

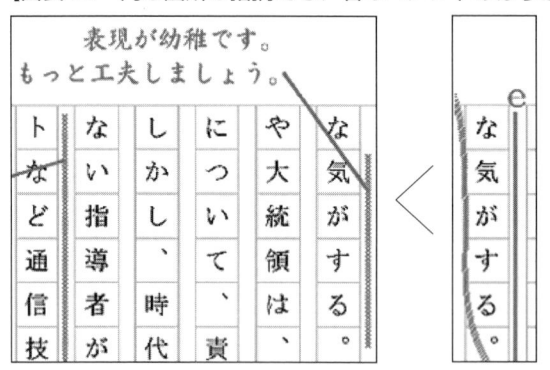

表現が幼稚です。
もっと工夫しましょう。

やな大気統がす領るは、

について、時代責

しか指し、導者が

など通信技

＜

e

な気がする

e：小論文に「気がする」とだけ記すのは不適当です。小論文ですから、書き手が「思」ってそのような「気がする」のは当たり前です。しかもそれだけではただの感想ですから、なにに基づき、どう考え、いかに論証して読み手を説得するかが、評価の基準になります。したがって「気がする」とだけ記すのは、当たり前のことを書いて読み手をうんざりさせるだけでなく、思考が浅いことを意味してしまうのです。
　「気がする」とのみ書くぐらいなら、「…だ、なぜなら…。」と書くべきです。自説には必ず論証を伴わなければならないという、論文の原則を外さないようにしてください。

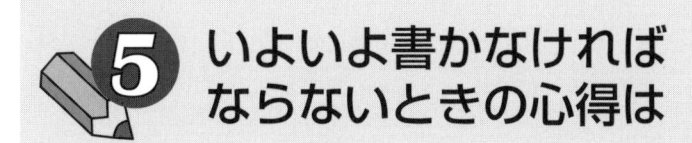

5 いよいよ書かなければならないときの心得は

　実用文をいきなり書き出しても、必ず失敗します。まずはなにを書けといわれているかのを把握し、それに応じた内容と構成を考えねばなりません。
　ここでは、その手順を学びましょう。

Q35 書くにあたって最初に手をつけるのは

Answer Point

♣ 自分のために書くのだという気構えをつくります。
♣ 要求を正しく理解するためには、与えられた問題を徹底的に分析します。

♣ 気持ちの整理は

　書く際に最初に行うのは、自分がなんのためにこの文章を書くのかという気持ちの整理です。ここまで述べてきたように、「書かされるもの」と考えている限り、長い文章を書き切ることは難しくなりますし、たとえ書き上げても、評価される実用文にはなりません。

　この文章によって、自分は読み手を動かすのだ、その結果自分が利益を得るのだ、その気構えをつくり上げるのです。

　単に文字を埋めるだけのための方法と、読み手を動かす文章を書くための方法はまるで違います。ここまで説明してきた方法が、後者であることはいうまでもありませんが、とりあえず書くだけ書いてお茶を濁すための方法とするなら、これほど面倒なやり方はありません。逆に言えば、ここで述べたような気構えがないと、この方法はうまく使えないのです。

　ただし、この方法を使わない限り、評価される実用文を書くことはまず無理です。もちろん、個別の技術については、他にも方法があり得ますが、自説を立て、論証し…という根本に関わる部分は、効果のある実用文作成術も、同様に主張するところです。

　したがって、皆さんは、書くにあたって必ず決断を迫られます。自分の文章は自分のものという決意を固めてから、書く作業に入ってください。

♣ 要求を分析する

　実用文を書くためには、読み手＝出題側がなにを要求しているかを正確に把握しなければなりません。報告書のように口頭での簡単な指示しかない場合も、疑問点があれば質問して、書かなければならないことを確定する必要があります。

　これが文章で与えられた場合には、そこから書くべき内容を見つけ出していきます。その際には、文章の中で重要な意味をもつ概念に注目します。

❺ いよいよ書かなければならないときの心得は

【図表44　問題を分析するイメージ】

①重要概念をチェック
　我が社が○○を達成するためには××————。この ×× は△△が————、あなたの考えを述べなさい。

②重要概念に対して、思いつくことを書き出す。
　　○○とは　　　　××には　　　　△△には

♣書けといわれていることを理解する

　作業を具体例で説明しましょう。ここに収録したのは、ある企業の係長級の昇進試験で実際に出題されたものです。ただし、業種や所属部門に関係なく、同様の問題はよく出題されています。

【図表45　出題テーマ例】

> 社内外の環境変化への対応や業績向上のためには、組織の意識改革が必要です。意識改革を実践の場に活かし効果を上げる施策について、波及効果を含め、あなたの考えを具体的に述べなさい（1,200字以内）。

　はじめに、この設問文の重要な概念を拾いましょう。設問文を読みながら「重要そうな語（句）」にアンダーラインを引いてチェックします。あたかも裁判官が法律を検討するように、設問は細かく、正確に読み取り、なにを要求しているのか、そのすべてを書き手は理解しなければなりません。この段階で設問の要求を1つでも見逃せば、採点対象外になってしまいますから、読み取りは慎重に行う必要があります。

　今回の問題文では、「社内外の環境変化」「業績向上」「（組織の）意識改革」「実践の場」「（効果を上げる）施策」「波及効果」「具体的（に）」などが重要概念になります。

　次に、自説としてなにを答えるべきか検討しましょう。問いの中心は「意識改革」の「施策」ですが、「意識改革」には、「社内外の環境変化への対応や業績向上のため」、という限定がついています。素直に受け取れば、「社内の変化」「社外の変化」「業績向上」、それぞれに対応する「意識改革」について自説を立てなければならないことになります。

　しかし、ここで答案字数を検討してください。1,200字以内となっていますから、3つも自説を立てて論証することはできません。実用文では、1つの自説を十分に論証するためには、1,000字は必要だからです。

　したがって、設問の意図は、「社内の変化」「社外の変化」「業績向上」のうちいずれか1つに対応する「意識改革」について述べればよい、と判断することができます。

次に、拾い出した各概念を、さまざまな角度から検討しましょう。設問の重要概念を選び出しただけでは、自説を決めることしかできませんので、その論証材料を探さねばならないからです。

これをまとめると、図表46のようになります。

【図表46　概念の分析】

概念	留意点
① 「社内外の環境変化」「業績向上」	この概念に対応して、「社内」・「社外」・「業績向上」、いずれかで最近起こっている「環境変化」をあげます。ただし、②と関係しますから、なんらかの「意識改革」が必要なものでなければなりません。
② 「（組織の）意識改革」	①の問題を解決するような「意識改革」をあげます。ただし、日頃から、会社全体の状況に注意していないと、ふさわしい「意識改革」は見つかりません。
③ 「実践の場」	この限定がありますので、②の「意識改革」を単なるかけ声やスローガンとしてではなく、実際の業務の中でどのように実現していくかを述べなければなりません。そのためには、書き手が「意識改革」とどう関わるかを考えなければなりません。 もし、書き手に関係のない、他人事としての「意識改革」をあげたのでは、ここで書くことが見つからなくなります。
④ 「（効果を上げる）施策」	ここでは、書き手の考える「施策」を提案しなければなりません。しかも、それが「効果を上げる」ものであることを示す必要があります。 そのためには、「施策」によって現状がどう変わり、どのような「効果」が生じるのかを書かねばなりません。
⑤ 「波及効果」	④であげた直接的な効果以外に、他の方面にも影響する「効果」を取り上げます。例えば、業務の時間短縮という直接的な効果の他に、取引先の信用・社内のチームワークといった別の側面への「波及効果」です。 設問は、「波及効果を含め」と条件をつけているのですから、これは必ず書かなければなりません。
⑥ 「具体的（に）」	①〜⑤のすべてに関係します。どんなに優れた「意識改革」の提案でも、またあなたがどれほど「実践の場」で頑張ると述べても、具体的な事実に裏打ちされたものでなければなりません。

以上、昇進試験の例で述べましたが、日常業務で口頭によって指示される文章も、原則は同じです。

このように、なにを書かなければならないか、自分でメモを作成するようにしてください。そこで、疑問があれば、指示を与えた方に質問して、書くべきことを確定するのです。

Q36 与えられた資料や課題文の使い方がわからないときは

Answer Point

♣ まず、なにを要求されているかを把握するという基本は同じです。
♣ 資料や課題文の重要概念をチェックし、その主張を要約します。

♣まずは設問文の指示に従う

Q35では、口頭での指示や設問文を分析し、書くべきことがらを見つけ出す方法について述べました。しかし、実用文では、資料などを読んだ上で作成しなければならない場合もあります。

資料を与えられた上で、報告書や企画書を作成するように、という指示を受けた方もあると思います。あるいは昇進試験でも、読まなければいけない課題文やグラフなどの資料を与えられることがあります。

特に、課長以上の高い地位に就くための昇進試験では、こうした資料（文）を読む形式が多いようです。ここでは、この資料をどう扱うかについて説明します。

このような場合でも、設問文の要求を正確に把握するという原則は、全く同じです。ただ、ここで取り出した重要概念の扱いが少し異なります。

設問文を理解できたら、今度は資料を読んでいきます。その際、与えられたのが文章なら、設問文から取り出した重要概念と関係の深い言葉をチェックしながら読んでいきます。例えば、アンダーラインを引くなど、どの言葉が関係の深いものか、はっきりわかるようにしましょう。

こうして資料の中でチェックした言葉が、資料の重要概念になります。さらに、これらの概念の相互関係がどうなっているか、矢印や○×をつける程度で構いませんので、まとめてみましょう。こうすることで、①資料のテーマ（＝重要概念）、②資料の論旨（＝重要概念の相互関係）が読み取れます。

資料がある場合には、必ず「これを読んで」あるいは「これらを参考にして」といった条件があるはずです。以上のような作業をすることが、「読む」あるいは「参考にする」ことに他なりません（図表47）。

♣資料や課題文の内容をどう反映させるか

ここまでの準備を終えたら、次は文の組み立てです。

【図表47　資料を要約する作業手順】

次の資料を読んで○○に対するあなたの考えを述べなさい。

資料　Ⓐ　　　　　　　　　　　　① 設問の重要概念をチェック
　　　　Ⓑ　　　　　　　　　　　② 設問の○○に関係の深い部分を資料で
　　Ⓒ　　　　　　　　　　　　　　チェック
　　　　　　Ⓔ　Ⓓ　　　　　　　③ ②でチェックした部分の関係をメモ
　　Ⓕ　　　　　　　　　　　　　　Ⓐ＝Ⓒ
　　　　　　　　　　　　　　　　　↕　　　 ｝矢印や○×で図にする
　　　　　　　　　　　　　　　　　Ⓑ　Ⓔ

　冒頭に自説、その後に論証という原則は変わりませんが、資料が与えられた場合は、そこから読み取った概念を、自説や論証に含めねばなりません。その手続の第1は、どこから引いた概念なのか、明らかにしておくことです。例えば「将来性」という概念を引くなら、「資料Ａにいう将来性」のように記述します。

　第2に、資料にある概念を、資料がどう定義しているか、手短に要約することです。手短にする必要があるのは、資料もまた読み手もよく知っていることであり、それを長々と記せば、読み手をうんざりさせるからです。

　もう一つは、資料を「読む」という設問の要求に応えるため、また、資料を誤読しないようにするためです。ざっと読み飛ばせば誤読してしまいがちですが、なにが書いてあったのか改めて要約すれば、その危険は回避できます。例えば、「資料Ａは組織の将来性を、憶測や見込みではなく、内部の人材がそれをつくろうとする意欲の結果であるという」のようにです。

　第3に、ある概念をどう理解したか、読み手の見解を示すことです。例えば、「資料Ａにある組織の将来性を、私の部署で考えると、それは今後の人材活性化と言える。なぜなら…。」のように、そのように解釈した理由を付けて記述します。

　なお、資料が長大な場合は、要約に時間がかかります。制限時間のある昇進試験の場合には、このために時間切れになってしまうかもしれません。それだけに、課題文の内容を素早く読み取るためには、日常の読書量を増やすことが根本的な対策になります。

　その上で、受験テクニック的な方法を紹介しておきましょう。資料が長い場合は、まず段落ごとの要約をメモしておき、そのメモを利用して、課題文全体の主張を要約するのです。これなら、長い文章をなんども読み直す必要がなくなりますから、時間を短縮できます。

　どんな作業にもいえることですが、大きな作業を一気に仕上げようとすれば失敗しがちですし、そもそも手に付かないこともあります。大きな問題はこま切れにし、少しずつ進めればよいのです。

❺ いよいよ書かなければならないときの心得は

Q37 自分の見解や意見がまとまらないときは

◉. Answer Point

♣ 自説としてなにを書いてもよいのですが、その選定には基準があります。
♣ 書き手が是非伝えたいことで、しかも読み手の利益になるものを書きます。
♣ メモを書くことで、自説が見つかりやすくなり、実用文全体の構成もできます。

♣賛成・反対だけが意見ではない

ここまでの作業をすれば、なにについて書かなければいけないのか、という出題者側の要求は理解できるはずです。

しかし、実用文は、単に質問に答えるだけでは不十分で、書き手の見解＝自説が絶対に必要です。したがって、出題側の要求を理解したら、次に自説を考え出さねばなりません。

これは、なにも実用文に限ったことではありません。日記などの単純な記録を除けば、文章に絶対必要なことの1つは、「誰かに伝えたいなにごとか」が自分の中にあることです。

昇進試験の答案に対してよく聞かれるコメントに、「インパクトがない」というものがありますが、それはこの「伝えたいなにか」がないことに原因があります。この「伝えたいなにか」こそ、自説にほかならないのです。

自説は、テーマについてさまざまな側面から考えることで生み出されます。この自説は資料や課題文の主張に対して、オウム返しのような単なるYESや、すでに説明したように、誰でもできる否定＝単純なNOではあり得ません。その上、課題文なしで、例えば「今後1年どう働くか」と問われたら、そもそもYES/NOは成立しません。

自説として、なにを主張するかは書き手の自由です。したがって、自説に唯一の正解などありません。逆にいえば、ちょっとした思いつきでも、すべて自説の候補になるのです。

確かに、なにを書いてよいか自説が全く見つからないという場合もありますが、これは後ほどQ38で検討することにして、ここでは、いろいろな思いつきの中から、どのようにして自説を選ぶかを中心に考えます。

♣読んでもらう価値のある話を探す

　まずここで考えていただきたいのは、読み手にとって、読むに値する話を考えることです。これなしでは、Q22で述べた「つまらない」という評価につながります。

　しかし、面白おかしい話を書けばよいわけではありません。また、自分が実感を込めて主張できない話や、興味をもてないが世間でいい話とされていることを書け、というのでもありません。

　そうでない、話す価値のある話とはなんでしょう。それは、自分が普段からまじめに突き詰めて考えている、「あなたにも、私にもいい話」です。まじめに考えるなら、どうやって実現すればいいかも考えるでしょう。本当に、自他共に役立つ話であるかどうかも考えるでしょう。考えた結果、実はくだらない話だと気づき、捨てざるを得ない場合もあるでしょう。

　それでもなお、私はこれを言わざるを得ないのだと残る話、普段からよく考える「いい話」、これこそが他の誰でもない、自分だけの「自他共にいい話」でしょう。

　したがって、「自分にとって、上司にとって、組織にとって、お客様にとって」いい話とはなにであるかを十分に考え抜かねば、「言いたいこと」＝「他者に読ませるに値すること」は書けないのです。

♣自説は論証できなければならない

　次に心得ておかなければならないのは、どのような自説を立てようとも、読み手を説得するに足るだけの、論証ができるかどうかです。逆にいえば、論証できないような自説はいくらオリジナリティにあふれていても、「ヘンな意見」となって終わり、読み手の納得を得られません。

　仮に社長の年頭訓辞について、「全く社長のいうとおり、その実現のため誠心誠意がんばります」とだけ書き、実現のために自分がどうするかがない文章は、実は会社と社長をバカにするものにほかなりません。

　昇進試験では、社長の年頭訓辞や、会社全体の中長期の目標に対する解答者の考えを問うものが多いのですが、こうした答案を書いたら、確実に不合格になります。

　これらの文章では、いずれも自説らしきものではあっても、それに対する論証がありません。これはQ17でも述べたように、論証を欠いた見解はただの感想や意見であって、読み手に同意・納得してもらうための自説ではないのです。

したがって、問われたことに対して思い浮かぶさまざまな着想が、答案全体の自説となりうるかは、この論証ができるかどうかにかかっています。それをパスしたなら、さらにその論拠となる事例が豊富かどうかで選別しましょう。

視点・論拠が豊富なら、より説得力が高まるからです。

♣自説を選ぶにはメモに書いてみること

　自説の選別作業は、頭の中だけで行ってはいけません。必ず、手にペンを取って、メモ書しながら進める必要があります。なぜなら、初心者がいきなり書き出しても、途中で行き詰まることが多いからです。

　また、メモとして残しておけば、思いつきを有効利用できます。つまり、自説としては使えないものごとでも、論証や自説の説明になら使えるかもしれませんので、再利用できるよう文字にしておくのです。

　これは特に昇進試験の場合切実で、ただでさえ人間の思いつきは次々に消えてしまいがちなのに、制限時間の中で焦っている状況では、いっそう忘れがちです。それだけに「あ、ここでさっきの思いつき使えれば…でもなんだったっけ？」とならないため、メモは有効なのです。

　メモによるこのような作業は、自分さえわかればよいのですから、走り書でかまいません。なにとなにの話がどうつながり、それが読み手のワクワク感を生むかどうか、納得してもらえる材料がそろうかどうか、一番よいストーリーが立てられるまで、試行錯誤を重ねましょう。

　もちろん手慣れてくれば、メモが必要でなくなるときがきます。ただし、そこに至るためには、かなりの訓練を必要としますから、まず皆さんは、手を使ってメモを書いてください。

【図表48　自説の絞り方】

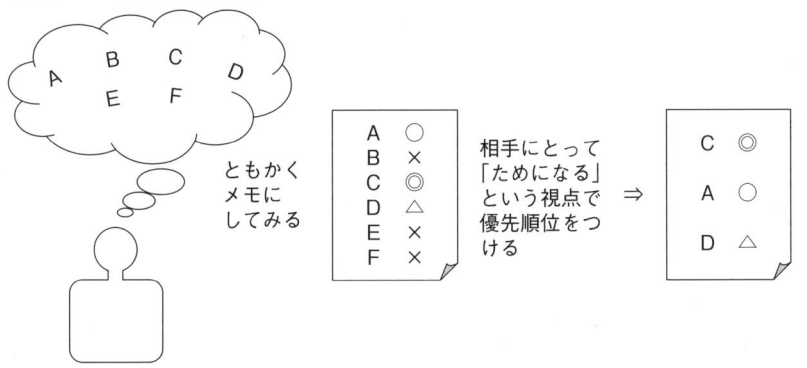

ともかくメモにしてみる

A	○
B	×
C	◎
D	△
E	×
F	×

相手にとって「ためになる」という視点で優先順位をつける

⇒

C	◎
A	○
D	△

Q38 どうしても独自の見解が出てこないときは

◎. Answer Point

♣実用文の評価で重視されるのは、結論ではなくその論証です。
♣一般的な自説でも、優れた視点・論拠をあげれば高く評価されます。
♣視点・論拠は、日常業務を整理して探します。

♣自説は他の人と同じでも構わない

「どこかで聞いたような話だ」という批判を避けるために、自説は独創性があることが望ましいといえます。しかし現実性が求められるビジネスの場では、独創性があってしかも実現性・有効性がある自説は、そうそう立てられるものではありません。もしそれが可能ならば、書き手はよほど優れた人材だということになるでしょう。

しかし、実用文を書くよう要求する側も、誰に対してもこのような優れた自説を期待しているわけではありません。普通の社会人が当たり前に業務と組織のことを考えた末の自説であれば、それで差し支えありません。言い換えるなら、自説そのものは、どこかで聞いたような話であってもいっこうにかまわないのです。

♣結論だけではなく、その過程が大事

このように誰でも思いつくようなものを自説とした場合、高い評価が望めるかどうかを検討しましょう。

実は、自説の独創性は、実用文を評価する上で、さほど重要なポイントではありません。なぜなら、Q17やQ22でも述べたように、自説はそれ自体の価値が問題にされるのではなく、その論証課程とあわせて評価されるからです。

ここから、評価される実用文の独創的とは、自説の独創性ではなく、論証の過程に独自性があることを指すとわかります。これは提案書（プレゼン）なら当然で、自説、すなわち採用してほしい商品やサービスは、複数の取引先に共通するものでしょう。

しかし、取引先が御社を採用するとよい理由は、TPOによってさまざまです。仮におおざっぱに分ければ理由が似ていても、理由の背景＝視点を説

明する概念は、やはりTPOごとに異なるはずです。

　これは、提案書・企画書だけに限らず、昇進試験でも同じです。自説を単純化した結果、課題文や設問文の論旨に対する、YES/NOになっても構わないのです。しかし、その論証が重要です。YESである場合、課題文や設問文に書いてあること以外の側面を考え、それを用いてYESであるといえる、独自の論理を考えねばなりません。

　逆にNOである場合、YESである場合と同様、やはり別の側面、すなわち否定する論拠と論理を提示し、できれば「別のなにかのほうがより正しい」という、代案を提示することが必要なのです（図表49）。

【図表49　実用文の評価ポイント】
＊自説で悩むより、独自性のある事例を用いて論証をする

| AはBである（自説） | ≪ | なぜなら～だから（論証） |

♣独自の視点・論拠を用意する

　しかし論証するといっても、課題と同じ理屈だけを用いたら、そもそも自分で考えていないとして０点です。さらに実用文での視点・論拠は、借り物でなく自分独自のものを用意しなくてはなりません。

　つまり、自説を論証するのに、課題と同じ論理を用いてはいけないということです。例えば、社長の年頭挨拶が課題なら、それに賛同する、すなわち自分が書く答案の自説も、社長の挨拶と同じにならざるを得ません。しかし、それを論証する際、社長自身が「こうだから従ってほしい」といっている論理を、自説の論証としてそのまま使ったら、単なる繰り返しでしかありません。

　逆に、社長の挨拶が取り上げていない事例をあげて、やはり社長のいうとおりだ、という議論をしたらどうでしょう。確かに、最終的な結論に当たる自説は同じでも、それを独自に解釈し、別の正当性・妥当性を述べることになります。つまり、他者の考えを受け入れた上で、それを自分の問題として考察し、別の論証を行ったことになります。これなら、読み手は評価するでしょう。

　こうした独自の考察と、そこから導く論証を行うためには、知識が必要になります。しかしそれは、そんなに高度である必要はなく、業界や社会の一般常識で十分です。それよりも、日ごろ仕事に励むとともに、読書を習慣づけることのほうが重要です。つまり、実用文では、普段どれほどまじめに働き、職場を見つめているか、どれほど自己研鑽に励んでいるか、文章に現れてしまうのです。

Q39 会社や上司の方針に反対のときの書き方は

Answer Point

♣ 単なる反発を示すことは、組織の一員として許されません。
♣ 反対意見が許されるのは、全体の利益になり、しかも、実現可能性を示すことができる場合だけです。

♣組織の一員であること

　実用文を書く際に避けて通れない問題として、所属している組織の方針に賛成できない、という場合があります。これには会社全体の経営方針に同意できないといった大きなものから、直属上司の考え方・仕事の進め方に反対である、といったものまで、さまざまなケースがあるでしょう。皆さんの中にも、この問題に悩んだ方は少なくないと思います。

　しかし、このような見解を実用文に盛り込むことは、「原則として」避けねばなりません。とりわけ、これが感情的な問題であるなら、絶対にやめるべきです。少なくとも、反対する問題に対して具体的な代案を出せないのであれば、このような反対意見を表明するべきではありません。

　これは、なにも上司など上からいわれたことには、はいはいと従え、長いものには巻かれろ、といっているのではありません。そうではなく、みだりにこのような異論を表明するのは、組織の一員として相応しくないからです。

　現在の日本には、職業選択の自由がありますから、もし会社全体の方針がどうしても受け入れられないのであれば、別の職業・企業に転職するという選択肢があります。そこまでするほどのことはない場合でも、例えば上司と直接問題点を話し合い、解決を図るべきでしょう。

　まして、単なる個人の感情的な反発を書くことは論外です。さまざまな個性をもつ人間が、組織を構成して全体の目標達成を目指しているのですから、その目標に関係のないことで組織に混乱を持ち込むことは許されないのです。

♣反対意見が許されることもある

　しかし、「原則として」とことわりを入れたように、反対意見を述べてもよい場合があります。それは、組織の目標という視点から、見解を述べるときです。

例えば、企業の目標とはなんでしょう。いうまでもなく、社会に有益な活動を通じて業績を上げることです。この目標を達成できない企業は、社会から見放され、業績が悪化することで最終的には消滅してしまいます。

例えば、現在、会社が売上増加を重視して、生産拡大方針を取っているとしましょう。しかし業界全体としてこれ以上の市場拡大が望めないなら、この方針に反対することが、むしろ企業の最終目標としての業績向上に寄与することになります。

これは、より身近な直属上司との関係にもいえることです。部署の最終的な目的と現在の方針が、一致していない場合があります。このようなときには、上司の方針に反対することが、むしろ全体にとってプラスになることがあり得ます。

こうしたケースでは、会社や上司の方針に反対することは許されます。つまり反対意見であっても、読み手とって「いい話」であれば書いてもよいということです。

♣妥協点を探す

以上のように考えると、会社や上司の方針に反対する考えが思い浮かんだとき、まずは次のことを検討しなければなりません。それは、反対することが企業や部署の最終目的に合致しているかどうかです。逆にいえば、単なる感情的な反発や、思いつき程度であるなら、反対の立場を採るべきではありません。

さらに、自分の意見に沿って方針を改めてもらうための、具体的な提案を伴わなければなりません。実現性のない方針は、述べる価値がなく、できもしない理想論で現状を批判しているだけになります。その結果、他人事としての記述になり、「仕事を馬鹿にしている」と評価されることになります。

評論家ならともかく、実際に企業の中で業務に責任をもつ立場からの発言なら、反対意見を述べる際には、現状との妥協点を見つけられるものでなければなりません。逆に、こうした現状の改革によって、達成可能な反対意見であれば、実用文の中で述べても構わないといえるのです（図表50）。

【図表50　反対だけではダメ】

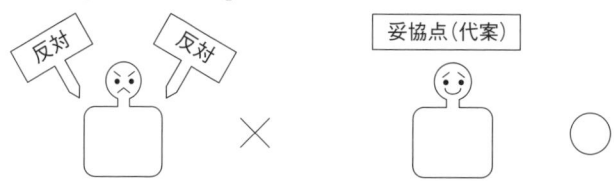

Q40 会社や上司を持ち上げたほうが いいってホント

Answer Point

♣ 読み手の知っている事実を指摘しても意味はなく、事実に反するごますりは嫌われます。
♣ 賞賛すべきかどうかではなく、自説とその論証に必要かどうかで判断します。

♣ **ごますりは気味悪がられる**

　Q39とは逆の事例ですが、会社や上司を賞賛したほうがよいという誤解があります。実用文では、少なくともほめることだけを目的にした記述は、盛り込むべきではありません。

　誰でも自らよかれと思う方針に従って、行動しています。したがって、会社であれ上司であれ、その方針や行動は原則としてよいものという自覚をもっているのです。その「よいもの」について「それはよい」と書いたところで、読み手が既に知っていることを、わざわざ指摘しているに過ぎません。読み手にとっては、そんなものを読まされても新たな知識が増えるわけではなく、なにも得るものがありません。

　こうした読み手も知っていることを書くのが許されるのは、自説の論証のため、あるいは論証の補足説明のためのみです。そもそも、自説にも論証にも役立たない記述は、論作文の中に一切あってはならないはずです。まして や多少の事実を含むにせよ、単なる賞賛の言葉だけを並べた、いわゆる「ごますり」や「おべっか」は、書くだけマイナスだといえます。

　読む側＝人事担当者の気持ちになってみましょう。口頭のやりとりや、儀礼的な挨拶文・礼状などには、この手の読み手に対する賞賛の言葉があふれています。人事担当者ならなおさら目にすることが多いでしょう。このように、毎日毎日、しかも膨大な数の「ごますり」を目にした（させられている）人間が、どのような感触をもつでしょうか。

　いうまでもないことですが、なにも新しい情報や主張のない、ただのほめ言葉が並んでいるのは、不愉快なものです。読み手は、「目にするのもいや」あるいは、「目にしただけでゴミ箱行きにしたくなる」ことでしょう。少な

くとも「ごますり」以外の部分に対しても、丁寧に読む気力はなくなるはずです。ここから見て、無意味な褒め言葉は、"百害あって一利なし"であることを、おわかりいただけるでしょうか。

　同様の視点から、社内の人物や行為に対する無用な敬語も不要です。もちろん、取引先への企画書など、組織外に出す文章なら、正確な敬語表現は必要です。しかし昇進試験や社内文書の場合、読み手は所属する組織内の人物ですから、過剰な敬語表現は不要なのです。なぜなら、実用文、さらには本来あらゆる論作文は、簡潔である＝素早く意味を読み取れることを求められるからです。

♣不要なことは書かないことが基本

　ここまで述べてきたように、実用文の「ごますり」は、不要であるばかりか、これを書くことで読み手はうんざりし、むしろ評価を下げることになります。

　ただし、会社や上司、あるいは読み手に対するほめ言葉を実用文に書くことが、絶対にいけないといっているのではありません。先ほど述べたように、自説の論証のために必要な成功事例などは、積極的に書くべきです。

　特に、取引先に提出する提案書や企画書の場合には、読み手も気づいていない、相手側の長所を指摘し、それに沿った提案をすることも少なくありません。このようなときに、相手の長所を書くことは、むしろ必要でもあります。

　結局、会社や上司を持ち上げる必要があるかどうかではなく、書かなければならない実用文の目的、すなわち、誰に、なんのために書き、書いたことで自分はなにを期待するのか、これに沿って、必要な事項かどうかを判断すべきです。

　一般的に、ほめられて気を悪くする人はいませんが、同時に人は、他人のウソに敏感な生き物でもあります。根拠のないほめ言葉は、論証のない自説同様、読み手にとっては信じる手だてのないウソにほかなりませんが、ほめ言葉の中にウソをみるとき、読み手はけなされたとき以上の不快感と、書き手への軽蔑を覚えるのです。書くことで評価されたい書き手にとって、これでは目的と反対の結果しか得られません。

　ですから、こうした目的に沿っていない、賞賛のための賞賛は必要ない、そう考え行動するのが、自分にとって得なのです（図表51）。

【図表51　自説と論証以外のことは書かない】

・自説　⇒　論証　　自説　↗ おべっか ↘　ごますり　↗ 論証
　　　　　○　　　　　　　　　　　　　　×（ごますりだけがいけないのではない）

Q41 論証に使える事例ってどれのこと

◎. Answer Point

♣論証のための事例は、自説と対応していなければなりません。
♣事例を選ぶ場合には、日常業務との結びつきを重視します。

♣自説と対応していること

　ここでは、自説とともに、実用文を構成する重要な要素である論証について、述べることにします。一般的に論証では自説に対応した視点に対応する事例をあげる、という方法を採ります。
　次に、具体例に沿って説明しましょう。
　ある企業の昇進試験で、「あなたの職場で、どうすれば業務の効率化ができるか、あなたの考えを述べてください」という出題がありました。
　これに対して、あるシステム開発の担当者は、「開発担当者間の連絡を密にすることで、同じ試行錯誤を繰り返すなどの無駄を省き、1つのシステムの開発に必要な労力と時間を短縮できる」という自説を立てました。
　この自説そのものは、同じシステムがより少ない労力と時間で開発できることになりますから、設問の要求に合致した「効率化」の提案として適切だといえます。
　しかし、この解答者は、論証で失敗しました。「ミーティングの回数を増やすことで、各担当者が既に克服した問題を持ち寄ることができた、そのため、新たなシステムの企画が多数生まれた」という事例を書いたからです。
　確かに、多くの企画が生まれれば、お客様に提案できるシステムの数が増えますから、売上の増加には繋がるでしょう。しかし、解答者が論証しようとした「システム開発」での労力と時間の効率化＝短縮に関しては、なんの論証にもなっていません。その結果、Q19で指摘した「事例がピント外れ」という評価を下されてしまいます。

♣この例ではどうすればよかったのか

　この場合、同じ「ミーティング」という事例を用いても、「開発の障害となる問題に対して、他の部分を担当していた者が既に解決しており、それを

応用することで、労力と時間が大幅に短縮できた」といった事例なら、自説と対応した論証ができたはずです。

また、もし自説が「新企画立案の効率化」だったなら、「ミーティング」によって、新システムの提案が短期間に数多く生まれたのですから、論証として適切な事例になったはずです。

このように、論証のための事例は、論証する自説と正確に対応している必要があります。だからこそ、思いついた事例が本当に論証に使えるか、書く前によく考えて、厳選しなければならないのです。

♣聞いた話ではなく体験を

論証のため事例を選ぶ際には、できるだけ日常業務の中で、書き手自身が体験したものにするべきです。なぜなら、読み手も実際にその事例があったかどうか、確認しやすいからです。

つまり、書き手本人だけでなく、周囲の上司や同僚の話を聞くことで、事実関係を確認できます。これは、論証の説得力を増すことになります。

また、与えられた問題と日常業務とを結びつけることは、書き手が業務にまじめに取り組んでいることを示すことにもなります。特に昇進試験の場合は、業務態度も重要な評価の要因ですから、このような記述は有利になります。

しかし、このような地道な事例集めをせず、マスコミの報道やビジネス書から事例を引いてきては、説得力が弱くなります。一番いけないのは、課題に関係のありそうなことをネット検索し、ヒットした文書を切り貼りすることです。

これは、レポート形式で行われる昇進試験の際、実によくみる現象ですが、人事担当者も外部の採点業者も、それほど不勉強ではありません。

文章のプロにとって、切り貼り文に気がつくことなど朝飯前ですし、自分で考えず楽を決め込み、読み手を愚弄したこうした不誠実な文章に、合格点をつけることなど絶対にありません。しかも、他の組織における事例は、書き手の所属する組織に、そのまま当てはめられるとは限らないのです。

もちろん、新規の提案や計画を提示する場合は、書き手の体験だけでは適切な事例が見つからず、やむを得ず外部の事例を用いることになります。その際は、自分の所属する組織に適応するとどうなるか、十分考え記述するべきです。そのような関係づけができない事例は、実用文の論証材料にはならないからです（図表52）。

【図表52　伝聞だけでは論証に使えない】

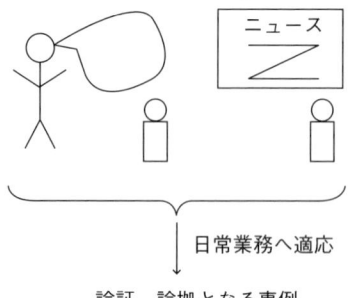

日常業務へ適応

論証、論拠となる事例

――――― 言葉は万能ではないが… ―――――

アメリカの心理学者、アルバート・マレービアン教授によれば、人と人とが直接顔を合わせるコミュニケーションでの効果は、次の通りだといいます。

言葉の内容	7％
声のトーン	38％
身振り手振りや容姿	55％

この調査は、「3つの要素が矛盾した内容であるとき」との条件はつくものの、言葉の内容よりもそれ以外の要素のほうが、はるかに効果が大きいことを示しています。

実は文章にも、同様の傾向が見られます。読み手の納得は、「なにを語ったか」ではなく、「誰が語ったか」により大きく左右されることは、皆さんにも体験があるでしょう。

ただし、それでも事実を元に確信のある自説を立て、それを論証してみせるという実用文の原則は変わりません。なぜなら、権威ある人物の語ることでも、主張や論証がお粗末であれば、読み手は疑いを抱くからです。まして権威のない人物ならば、なおさらでしょう。

文の書き手に権威があるかどうかが及ぼす効果は、文の内容が重厚であることを前提にします。しかも文章は、書き手と読み手が顔をつきあわせながら読むことはまれです。加えてほとんどの実用文は、昇進試験のように競争の場に置かれたとしても、書き手同士の立場はほとんど同じで、権威に差はありません。

このような事情を考えるなら、実用文ではやはり地道に、語るべき内容を用意し読みやすい文章で綴ることの重要性を、おわかりいただけるでしょう。

❺ いよいよ書かなければならないときの心得は

Q42 立派な体験がないときは

Answer Point

♧架空の事例を用いるなどのウソはいけません。
♧失敗例でも正確に分析し、論理的な推論を加えれば使えます。

♣ウソをついてはいけない

　Q41で述べたように、自説を論証するための事例を選ぶ場合には、いくつかの条件があります。これを満たす事例を選ぶとなると、なかなか大変です。一見優れた自説だと思っても、論証のための事例がなければ、読み手の納得や同意を得られず、主張することをあきらめざるを得ないこともあります。

　しかし、特に新規の提案や企画の場合には、自説を論証する成功例に恵まれないほうが、むしろ一般的でしょう。既に実現していることであれば、ことさら提案する理由がないからです。もし提出まで時間的な余裕がある場合には、自説を実験してみることもできます。しかし、昇進試験などで、将来実現すべきことを問われた場合には、実際にやってみて論拠になる事例を用意することはできません。

　このようなとき、実際には存在しない、架空の事例を書く例をみます。しかし、これは絶対にしてはいけません。社外に提出する企画書や、委託された業者が採点する場合には、架空の事例を書いてもわからないと思うかもしれませんが、人の目はそれほど甘くはありません。

　例えば、取引先など社外の方が読み手である場合、提案を採用する前に、さらなる調査をするはずです。また昇進試験の採点では、少しでも事例の現実性が疑われたなら、まじめな採点業者なら、その妥当性を論理的に推論し、事実を調査します。少なくともWIEでは、そのようにしています。

　こうした調査を逃れる可能性は、非常に小さいといえます。そしてウソであると判明した場合、昇進試験であればもちろん不合格です。また、読み手が取引先などであった場合は、こうした架空の事例を書いた本人だけではなく、所属する組織全体の信用も失墜します。そして、ウソを書いた本人もまた、組織内で厳しく処罰されることになります。

　ですから、せっかくよい自説を思いついたのに、適当な事例が思いつかない

からといって、絶対に架空の事例を用いないでください。これは精神論の問題というより、処罰のことを考えますと、リスクのほうがはるかに大きいからです。

♣失敗例も使い方次第

では、自説のとおりになった成功例のない場合には、自説そのものをあきらめるかしないのでしょうか。

実は、失敗例しかない場合でも、これを上手く利用することで、切り抜ける方法があります。

そのためには、まず失敗の原因を細かく分析しなくてはなりません。その作業を経た上で、自説どおりにすれば、その原因が除去できることを示せばよいのです。これならば、実際に成功した事例がなくても、自説の妥当性・有効性を示すことができます。

これについて具体例を紹介しましょう。小学校の非常勤教員をしていた方が、正規教員になるために、試験を受けた例です。その出題は、いじめにどう対処するかというものでした。

この方の答案は、学級担任だけではなく、教師全体が児童の情報を共有し、いじめの早期発見に努めるということを自説にしていました。しかし、この方が今まで勤務した小学校は、いずれも早期発見に失敗していたのです。

これに対して、各クラスの担任以外の教員も、気づいたことを書き込めるノートを作成するといった方法を提案し、多くの職員が、早期にいじめに気づくことができれば、深刻化しないうちに解決が可能だと論証しました。

後日いただいたこの方のお手紙によれば、めでたく正規教員として採用されることになったそうです。このように、失敗例を用いて、自説を論証するには、事例の精密な分析と、仮定に基づく推論の能力が必要になります。しかし、それに成功すれば、高い評価を得る実用文を書くことができるのです。

自説を論証する適当な事例がない場合には、安易に架空の事例を創作したりせず、こうした失敗例の利用に挑戦してみてください。

【図表53　失敗例から成功の方策を探る】

Q43 事例は多ければ多いほどいいってホント

Answer Point

♧ 多すぎる事例は、読み手への配慮を欠くばかりか、ほかの必要な記述ができなくなります。

♧ 1つの視点に対して事例は最大でも3つにします。そのためには、抽象化も必要です。

♣多過ぎる事例もまた有害

　ここまで繰り返し述べてきたように、実用文は原則としてメインテーマになるたった1つの自説を、さまざまな視点から論証し、読み手の納得と同意を得るものです。

　この納得と同意を得るためには、できるだけ視点が豊富なほうがよいのですが、だからといって視点を論証するための事例の、数があまりに多いと、かえって逆効果になります。

　それは、実用文に必要な読み手に対する配慮を欠くことになるからです。実用文の場合には、「読み手は忙しい」ことを前提にして、文章を書かなければなりませんから、思いつくまま事例の数を増やすのは、この読み手の事情を考えていないことになるのです。

　よく、「記述が曖昧ですので、論拠や事例をあげてください」と添削の際にコメントしますと、2ケタに達する「取引先社名」などをお書きになる方がいます。

　こうした文を見て（「読んで」ではありません）、読み手はどう思うでしょうか。いうまでもなく、「うんざり」「ぐったり」するはずです。

　読み手にこんな印象を与えては、書き手にとって大損害です。これでは、肝心の自説そのものを十分検討してもらえなくなるからです。

　さらに、こうした1つの視点ばかりに、むやみに事例をあげれば、他の視点に対する論証不足の原因にもなります。

　いかなる実用文も、無制限に分量を増やすことはできません。まして昇進試験では、ほとんどの場合、制限時間と制限字数が設けられています。それにもかかわらず、ある視点だけに多くの字数を使っては、ほかの部分の論証が不十分になり、結局実用文の大目的である読み手の納得・同意を得られな

くなるのです。

♣1つの視点に対する適切な事例の数

では、具体的に1つの視点に対して、論証のために必要な事例はどのぐらいの数になるのでしょうか。これは、多くとも3つあれば十分です。もしそれ以上あるなら、他にも同等な事例はいくつある、といった数を示すに止めましょう。

多すぎる列挙は、まとめて書くなど、特に必要のない限り、できるだけ簡潔に記すようにしなくてはなりません（図表54）。

【図表54　抽象化は読み手への配慮】

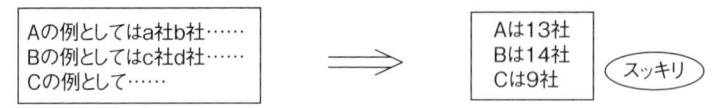

```
Aの例としてはa社b社……          Aは13社
Bの例としてはc社d社……    ⇒    Bは14社    （スッキリ）
Cの例として……                  Cは9社
```

もちろん、なにかとなにかを比較しなければ論証できない場合は、複数の事例をあげるほかなくなります。しかし、ここで必要なのは、比較する両者の「差」ですから、「差」のみの大きさを強調するような事例1つで十分です。

ですから、最も大きな差のみられる事例だけに絞って、あとは同様の例がいくつある、といった記述でまとめるべきです。それなのにわずかしか相違点のない事例をやたらに取り上げては、かえって「差」が曖昧になってしまいます。

読み手を説得するのに最も適したもの、最大3つを残し、あとは削除してしまうという方針で、事例の絶対数を絞るようにしてください。

♣具体性だけではなく、時には抽象化も必要

こうした事例の絞り込みには、一見異なる出来事でも、「高い見地からみれば、まとめられるな」と、判断できる知性も必要です。つまり多くの事例から共通性を見つけ、抽象化する能力です。

一般に、わかりやすくすることは、具体化することだと考えられています。確かにWIEの添削でも、具体的に書いてくださいという指摘をすることがしばしばあります。しかし、優れた実用文を書くには、具体化する能力だけでは不十分なのです。

必要にして十分な論証をするためには、だらだらと事例を詰め込むのではなく、繰り返しや、過剰な例を1つにまとめ、「総じてこういうことです」と提示する能力が必要です。

例えば、「この事故の原因はさまざまあるが、それらに共通するのは○○だ。代表例として△△をあげると、確かに○○が根本原因だ」といった記述です。伝えるべきは必ず伝えるが、できるだけ簡潔にとの原則は、事例の数にもあてはまります。

Q44 自説と視点を論証する論拠が見つかれば、あとは書くだけでいい

◉ Answer Point

♧ 書くための材料をただ並べても、説得力のある文章にはなりません。
♧ 読み手を納得させるためには、文章の構成が大切です。
♧ 優れた実用文の構成方法は、冒頭に自説をおくことです。
♧ この方法は、長大な実用文にも適応できます。

♣ 説得には手順が肝心

　Q35からQ43までの作業をすれば、実用文を書くための材料はすべて揃ったことになります。しかし、ここで思いつくままに書き出したのでは、Q14で指摘した、「意味不明」の文章になってしまいます。そこまでひどい文章にならなくても、Q20の「話にまとまりがない」という評価になるのは必定です。

　そもそも実用文は、読み手の納得・同意を得るために書くのでした。これは読み手を説得するといい換えることができますが、この説得には手順が大切です。そのためには集まった材料を、どういう順番で書くかを考えなければなりません。

　皆さんも、改まって誰かを説得するときには、話の順序を考えるでしょう。質疑応答によって相手の理解を確認できる会話の場合ですら、話の順序が大切なのですから、書き手から読み手の一方通行になる文章では、話の順序には、なおさら注意深くなるべきです。

　そもそも実用文を書く目的を達成するには、図表55の3つの条件を満たさねばなりませんでした。

【図表55　実用文を書く目的達成のための条件】

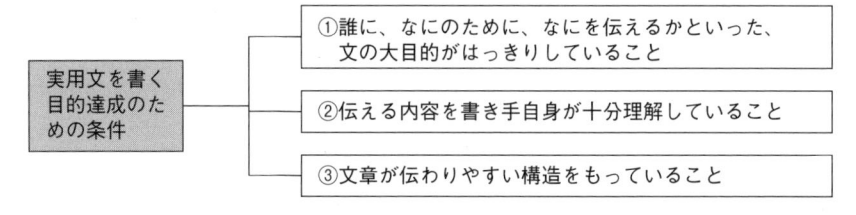

実用文を書く目的達成のための条件	
	①誰に、なにのために、なにを伝えるかといった、文の大目的がはっきりしていること
	②伝える内容を書き手自身が十分理解していること
	③文章が伝わりやすい構造をもっていること

図表55の①は当然ですし、②については、日常業務への取組みが重要だと既に述べました。今問題になっているのは、③の段階です。ここで失敗しないためには、どのように文章全体の構成を考えればよいか、その方法について検討しましょう。

♣全体の構成にはどのような方法があるか

皆さんの中には、本書以外にも実用文の書き方に関する書物を読んだ方もおいででしょう。そこでは、起承転結の4部で構成する方法や、前提・論証・結論といった3部構成とする方法が紹介されていたと思います。

確かに、これらの構成方法は、それなりに応用範囲が広く、有効な場合があります。しかし、多様な実用文のすべてに適応できるとは限りません。しかも、書くために集めた材料を、これらの構成方法に適応するよう組み立てるには、かなりの時間がかかってしまいますから、WIEでは、これらの方法はおすすめしません。

では、最も応用範囲の広い方法はなんでしょうか。文中ただ1つの自説は複数の視点で、各視点は複数の概念で説明すると説明しましたが、これをわかりやすく表現するには、図表56のポイントが必要です。

【図表56　わかりやすく表現するポイント】

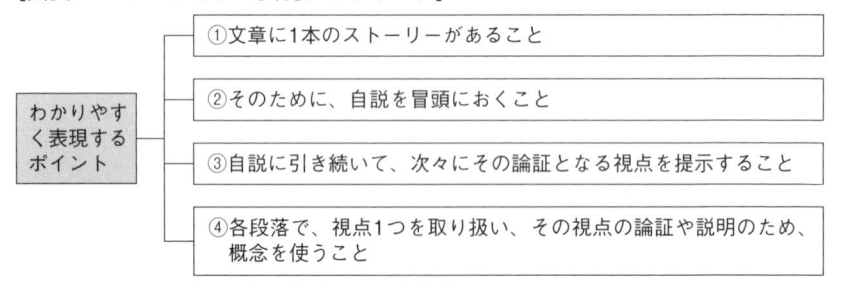

```
                ┌─ ①文章に1本のストーリーがあること
                │
わかりやす      ├─ ②そのために、自説を冒頭におくこと
く表現する ────┤
ポイント        ├─ ③自説に引き続いて、次々にその論証となる視点を提示すること
                │
                └─ ④各段落で、視点1つを取り扱い、その視点の論証や説明のため、
                     概念を使うこと
```

これをさらに手短にいうなら、「早めに自説」→「それ以降で論証」ということです。

では、具体的に、その事例をみてみましょう。とある法律事務所で、職員採用試験で課された問題と、その答案です（図表57）。

【図表57　法律事務所の職員採用試験で課された問題と答案】

> 課題
> 制度と国民の意識の行き違いについて、思うところを書いてください。
>
> 　課題にいう行き違いを今日の社会に当てはめるとき、それは単なる断絶ではなく、この社会の成り立ちを、根底から疑わせる現象でもある。なぜならこの差

は、我々の社会が、近代社会といえるために必要な要素に、欠けていることを表すものにほかならないからだ。(自説)

行き違いの例として、ここでは後期高齢者医療制度をあげる。施行直後に各新聞が行った世論調査では、7〜8割がこれを支持していない。これを受け、内閣の支持率も下落し、おおむね2割台がこれとなった。ゆえにこの例は、行き違いを考えるには適当といえる。(論証のための土俵設定)

そもそも、既存の保険制度が破綻の危機にあるなら、なんらかの手を打つほかない。ゆえに医療費の半分を公費でまかなうというこの制度は、その1つの解答として評価すべきだろう。しかし国民と野党・マスコミの反発は、代案を提示するものではほとんど無く、75歳という区切りなど、枝葉のみを突いているように見える。(論証のための視点1)

国民総体としてこの制度に、どの理由で反対が起こっているかは、詳細な世論調査がない限りわからない。ただわかるのは、反対が多いという事実だけだが、それでも、支持率の高かった以前の政権時代に成立したこの制度が、成立当時にはそれほど騒がれなかったという事実は、国民の意識がどのようなものか、考えるよすがとなる。(論証のための視点2)

つまりメディアが取り上げなければ、自身の生活に大きく関わるような制度であっても、意識しないということだ。加えて近年、国政選挙ですら投票率が7割を超すことは少なく、6割を下回ることさえあるという事実は、国民が必ずしも主権者の意識を持って、法や制度に向き合ってはいない可能性を、補強するに十分である。(論証のための視点3)

これは生活人としては、無理からぬことだ。また、一有権者になにができようとの無力感が、無関心を生むのも仕方がない。しかし、社会の将来を見据えた制度に、流行として反発するなら、いつか国民自身の生活を、大きく覆してしまいかねない。(論証のための視点4)

法や制度が、一国の社会の規格を定めるからには、こうした無関心の流布は、社会の中で生きているという意識を、多くの国民がもっていないことを意味する。たとえ職場や地域といった世間を意識はしても、主権者として社会全体を考える習慣は、普遍化してはいないのだ。(論証のための視点5)

同時に政府も、この習慣が一般化するよう、努力しているとは思えない。かつてとある首相が、選挙の際「無党派層は寝ててくれれば」と失言したように、関心があるのはなによりも党利である。今回の制度についても、総力を挙げてその妥当性を説明しているとは言えず、なにより既存制度の破綻を、周知させようともしていない。(論証のための視点6)

かつてポーツマス条約の際に、日比谷で暴動があったように、国民が事実に目を背け、政府がそれを隠しておけば、法や制度と国民の意識に、ズレが生じるのはむしろ当然だ。しかもこのあり様は、民主主義をも含む近代の、理念の危機でもある。すなわち自由・平等・友愛という近代の根幹が、覆ろうとしているのだ。(論証のための視点7)

確かに、自由と平等は、現在かなり実現された。しかし、これらと不可分だった友愛、すなわち主権領域国家内で、他者や社会全体に無関心であってはいけないという理念が、今どんな状態にあるかは、ここまで考察したとおりである。しかも友愛抜きの自由平等は、個の暴走や独善を助長はするが、社会に深刻な断絶をもたらしてしまう。(論証のための視点8)

ゆえに課題にいう行き違いが、政府・国民双方の無関心によってあまりに甚だしくなれば、問題はただズレだけにとどまらず、我が国の近代国家としての成り立ちまで、疑われてしまうことになる。私自身は、近代理念を奉じ、民主・法治・平和を強く支持するが、近代とはなにかを周知させる、唯一の手段である教育が充実しない限り、行き違いが解消されるとは思えないし、この社会の将来を、楽観することもできそうにない。(論証のための視点9)

Q44 自説と視点を論証する論拠が見つかれば、あとは書くだけでいい

真っ先に自説を述べ、それを論証するための事例を１つに絞り、１つの事例についてさまざまな視点から論証すると、図表57のように一見難解な課題でも、議論にぶれがないよう記述できることがおわかりでしょうか。
　また、各段落の冒頭に、「そもそも」「つまり」「ゆえに」など、前の段落を受ける言葉があることにも注目してください。このようなつなぎの言葉があることで、道草文を防いでいるのです。
　さらに、ほとんどの段落では１つの視点のみを取り扱い、その段落の中では、取り上げた視点を説明したり、論証したりする記述しかないことにも注意しましょう。
　書くことがないからといって、視点の説明や論証に役立たない、思いついたことを段落の中に詰め込んでも、なんの効果もないのです。

♣昇進試験に応用するなら

　これらの原則を昇進作文に応用してみましょう。設問が「昨年度を振り返り、今後の展望を述べなさい」だとしたら、はじめに自説を書いていきます。
　例えば、「昨年度の売上は12％の減となった。この原因は、販売方針を旧来通りとしてきたことが原因である。したがって今後は、販売方針の転換が必要である」が自説だとします。
　実用文では、「なにかを断定したらすぐ証明」が原則ですから、「なぜなら、業界全体の売上減は２％に過ぎず、我が社の営業に費やした人数その他にも変化がなく、他の要素にも、12％に及ぶような変化は見られないからである」と断定の理由を説明します。ここまでで、１段落＝約150字の分量がありますから、自説とその説明の段落は、これで完成です。
　後は説明していない事情や新たな自説の論証を書いていきます。例えば営業方針と売上減の直接の因果関係を示す、どのような営業方針の転換が望ましいか、転換に際しての障害はなにか、それをどう克服するか…など、自説から考えられる、あらゆる視点を立てて、論証を加えていけばよいのです。
　各段落を書く際には、できるだけ簡潔な表現を使い、150字を超した時点で、「書き足りない」かどうかを検討します。もう十分だと判断したら次の視点に、そうでなければ、もう150字書くほどの内容かどうかを考えます。
　そこまでの内容でなければ、この段階でその視点は終わりにしておくべきです。そのためにも、書く前にメモ書で構想を練り、〔総字数÷150〕－１（１は自説段落用）の数だけ、視点を用意しておく必要があるのです。

Q45 書出しが見つからないときは

Answer Point

♣実用文には、決まった書出しはありません。
♣原則は、自説から書き出すこと。ただし、これには例外もあります。

♣万能の書出しは存在しない

　書くことが決まっても、なかなか書き出せないという方が多いようです。特に、Q44で触れた全体構成の重要性に気づくと、ますます書き出しに迷うようになります。

　WIEの添削を利用している方からも、「なにかよい書出しはありませんか」とご質問をいただきます。しかし、定型的な手紙文や挨拶文を除き、いつでも使える書出しは、この世に存在しません。

　では、書出しに困ったからといって、思いついたままに言葉を述べるとどうなるでしょうか。これはまた、大きな失敗のもとです。Q20で述べたように思いつくままに文章を書いたのでは、まとまりのない道草文になってしまいます。

　しかし、どんな文章でも使える決まり文句はなくとも、実用文の書出しをみつける考え方・方法は存在します。これを身につければ、書出しがみつからないということはなくなります。

♣前置きはいらない

　まず、皆さんに肝に銘じていただきたいことは、実用文には前置きはいらないということです。

　確かに、一般的に新聞の論説や書籍などでは、文章の冒頭で、議論の周辺にある事情や経緯について回りくどく述べ、論の核心に入らない場合が多いものです。しかし、これは字数の限られた実用文では、取るべき方法ではありません。

　なぜなら、周辺事情などをだらだらと述べるより、まず「AはBである」と直ちに書き手の見解を述べ、いかにそれが正しいのか、例や理由を述べていくことのほうがはるかに重要だからです。そもそも実用文では字数に限り

があるだけではなく、読み手に時間的・精神的な負担を掛けないことが重視されますから、記述は可能な限り、短くする必要があります。それにもかかわらず、議論の本質ではない前置きを読まされた読み手は、「いつになったらいいたいことを書くのだ！」とうんざりしてしまいます。

　ですから、前置きをおくことは、厳に慎まなければなりません。前置きが必要なケースはただ１つ、著作など膨大な文章量がある場合に限られます。この場合なら、全体のメインテーマはなにか、あるいは全体の構成がどうなっているか、読み手が混乱しないように、書出しの部分で説明をしておく必要がありますから、前置きにも意味があります。

　しかし、実用文では、このような前置きがあれば、読み手は上のような理由だけでなく、「書くことがなくて字数を埋めるために行った」と判断し、やはりうんざりします。繰り返しますが、読み手のうんざりは、即、ボツ扱いされる結果につながりますから、書き手にとって非常な損失です。

　だからこそ実用文では、うんざりを避けるためにも、いきなり本論から始めるべきなのです。それを踏まえたなら、あとは、その本論をなにから始めるかという選択だけです。

♣原則は、まず自説から書き出すこと

　では、本論を述べる最初の段落をどう書き出すべきなのでしょうか。

　これは、真っ先に文章全体を通じて書き手が主張したいこと、すなわち自説を書くべきでした。

　それも、１文でいい切れるまでに簡潔にした自説です。Q44の例文でいえば、「課題にいう行き違いを今日の社会に当てはめるとき、それは単なる断絶ではなく、この社会の成り立ちを、根底から疑わせる現象でもある」がそれに当たります。

　言い換えるなら、「〜については、○○すべきである」「この問題の解決策は××を△△することである」といった、これ以上簡潔にできない文を冒頭にもってくるべきなのです。

　このような書出しであれば、読み手は直ちに文章全体の最終的な主張を理解しますので、うんざりすることはありません。しかも、最初から結論を知っているのですから、文章を誤読する可能性が低くなります。

　さらに、Q44で述べたように、こうして自説から始めることで、書き手も文章全体を構成しやすくなります。特に、途中でストーリーがとぎれるといった失敗は、格段に少なくなります（図表58）。

【図表58　書出しの例】

・この度は〜についての自説を述べる機会を与えてください	×⇒いわゆる前置きは不要
・本論は○○と××について述べる	△⇒全体の構成を述べるのは1,500字以上
・○○は××である。	◎⇒自説＝結論から入るのがbest

♣例外もある

ただし、例外もあります。それは、設問が複数の問いに答えるよう求めた場合です。例えば「あなたの所属部署で現在問題になっていることはなんですか。それについてあなたの考えを書きなさい」といった出題なら、所属部署とそこでの問題を述べ、その後に「なぜそれが問題なのか、どうしてこのような改善策と実施方法をとるのか」について述べなければなりません。

その他、こうした自説が複数必要な場合には、最初にどのような順番で自説を述べるか、簡単な前置きを書かなければならない場合があります。これは、1,500字未満の短い文章なら不要ですが、章立を必要とする長文なら、読み手にあらかじめ文章の全体像を知ってもらうために、必要です。

ただし、その場合でも、できるだけ早い段階で自説を述べるという原則に、変わりがないことは覚えておきましょう。

♣読み手を見切れば操ることができる

簡潔な自説を、冒頭で言い切ってしまうのは、なによりも読み手の心理に訴えるためです。「AはBである」といい切ることを、多くの人はためらいますが、他人にはそれをするよう望むものです。なにかと条件が付いた、はっきりしない意見が多い中で、言い訳なしにきっぱりと自説を述べた文章に、潔(いさぎよ)さを感じる読み手は多いのです。

しかも、実用文では、採点する・採用を決めるなど、読み手は書き手よりも立場が上である場合がほとんどです。対等や目上の人からきっぱりとものをいわれれば、不快がるか恐怖を感じる人でも、目下の潔さには余裕をもって向き会えます。ですから簡潔な自説に文章の冒頭で出会えば、読み手は書き手に好感を覚えやすいのです。

書き手の立場が不利だからといって、それをなげく必要はありません。むしろ下の立場であることを利用して、読み手の心理を操ることさえできるのです。Q40のようなごますりは通用しなくとも、文中でこうした潔さを見せるなら、読み手は自分が上であることに満足し、書き手の思うツボに、知らず知らずはまってくれるのです。

Q46 たくさん思い浮かぶ視点・事例の整理のしかたは

Answer Point

♣大きな視点から小さな視点の順が基本です。
♣そのほか、時間軸・空間軸・因果関係などの視点で整理します。

♣まずは大きな視点から小さな視点に

メインテーマになる自説を、どのように書き出すかが決まれば、既にQ7・10などでみてきたように、その自説の妥当性・有効性を示すための視点と、さらにその視点を論証する事例・概念を配置していくことになります。

しかし、視点・事例をただ思いつくまま並べたなら、道草文になってしまいます。

そこで、まず注目してほしいのは、視点の大小です。例えば、会社全体に関係する視点、部に関係する視点、課に関係する視点、書き手個人の業務に関する視点、というように、視点にはその対象や影響する範囲に大小があります。この範囲の大きい順に視点を取り上げ、その視点に沿った事例を配置していくのです。こうすると、視点が一定の方向性で整理されますから、ストーリーが明確になります。

この応用として、書き手の身近な問題から始めて、次第に大きな問題に発展させていく方法もあります。これは、自説が自分の業務を改善する方法など、比較的的小さな問題を取り扱ったほうが、設問の要求によりよく応えられる場合に用います。

大から小の順にするか、小から大の順にするかは、設問に対して、影響が最も大きい点から書き出す、という原則で決めてください。

♣時間軸と空間軸・因果関係などにも配慮する

このほかにも、視点や事例の整理法があります。まず、物事が起こった順番、あるいは今後起こっていくであろう順番に沿って整理する方法です。

このように時間軸に沿って整理していくことで、読み手の理解は容易になります。

なぜならあらゆる出来事の変化は、時間軸に沿って起こるからです。したがって、過去の問題に対する報告であれ、将来に対する提案・企画であれ、

時間軸に沿って述べていくことで、なにがいつ変化したのか、あるいはいつ変化が起きるのか、読み手にはわかりやすくなるのです。この方法は、特に報告書など、一連の事実の経緯を述べる場合などに有効です。

また、時間軸に対して空間軸という考え方もあります。同じ部署で起こったことなど、場所が同じものをまとめていく方法です。これもまた、変化がどこで起こったのかを明確にできます。

ただし、いずれの方法を使うにせよ、実用文に不可欠なのは、原因と結果という因果関係です。例えば、出来事を単純に起こった時間順に書いた報告書はよく目にします。それは原則として間違ってはいませんが、原因と結果の関係にあることがらは、その関係が明らかになるように、まとめて書くべきです。

したがって、A→B→Cの順で出来事が起こったとしても、A→Cが直接の原因→結果であり、B→Cの間に因果関係がないなら、Bは省くか、別の項目にまとめる必要があるのです。

♣いくつかの方法に優先順位をつけることで論旨が明快な文章に

以上、視点や事例を整理する方法をあげましたが、実際にはこれらの方法に優先順位をつけて、実用文を構成することになります。

まず、大から小への視点で、会社全体・部全体……のように大きなブロックを作成します。その中で、同じ場所（空間軸）で起こったこと、あるいは起こるだろうことをまとめ、その順番（時間軸）に取り上げると、読み手が理解しやすい構成になります。

さらに、単純な時間の前後関係だけではなく、原因と結果ごとに、事項をまとめることにも注意しましょう。

視点の整理法をどのように組み合わせるかは、それこそ文章によって無数にあり得ます。したがって、皆さんが用意した自説にもっとも相応しい組合せを、考えながら文章を構成していってください（図表59）。

その原則は、どの順序で書けば読み手が理解しやすいかです。書き手の都合ではありません。実用文を書く作業は、最終的には書き手のためですが、そのために読み手の理解を得やすい順序はなにか、それを忘れないでください。

【図表59　視点・事例の整理方法】

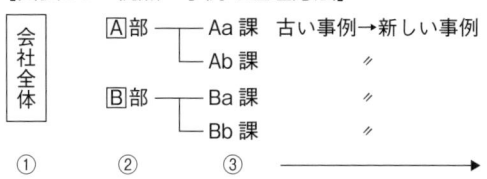

会社全体	A部	Aa課	古い事例→新しい事例
		Ab課	〃
	B部	Ba課	〃
		Bb課	〃
①	②	③	→

Q47 わかりやすく構成するために項目ごとに見出しをつけるのは

◎ Answer Point

♣見出しを設けることには、よい点と悪い点があります。
♣一般的な実用文では、見出しを設けるべきではありませんが、例外もあります。

♣見出しの功罪

　文全体を数段落ずつに区切って、見出しをつけた実用文をよく目にします。この本でも、それぞれのQごとに、2・3個ずつ♣印の形で見出しを入れています。確かに見出しを設けますと、そこにまとめられた各項目には、なにが書いてあるかすぐに理解できます。その点では、読み手の理解を助ける配慮だといえます。

　しかし、実用文で見出しを設けることには、マイナスの効果もあります。

　第1の問題は、見出しを入れることで、文章全体の流れ＝ストーリーがとぎれることです。見出しによって、読み手はそこで話題が変わったことを意識します。このことは、文章全体の一貫性を断ち切ることになります。しかし、本当に恐ろしいのは、書き手の問題です。いったん断ち切ったことに安心し、ストーリーがとぎれたまま書き進めてしまうことに気がつきません。

　第2の問題点は、見出しの分だけ余計に字数が必要になることです。実用文は、できるだけ短く簡潔にすることで、内容を濃くするように心掛けなければなりません。したがって、見出しによって字数が増えることは、望ましくありません。

　このようにマイナスの効果もありますので、すべての実用文で、見出しを設けるほうがよいとはいえないのです。

♣原則として見出しは設けるべきではない

　実用文の字数は、おおむね2,000字以下、ほとんどは1,000字程度です。これは、普段職場でどのような文が標準書式とされているかにもよりますが、この程度の長さを持つ文章で、見出しを設けたり、章立するのは、基本的に無用です。

この程度の長さであれば、読み手は一読して内容を忘れずにいられますから、途中でなにを論じているのかわからなくなるといったことはありません。それにもかかわらず、わからなくなるというのは、実はストーリーがとぎれている場合が大半です。ですから、むしろQ46で述べた視点と自説を整理して配置し、ストーリーの一貫性を明確にすることの方が大切です。

　加えて、短い文章の中で見出しを設けると、「書くことがなくて埋めようとしたのだな」と読み手に思われてしまいます。いわば水増しした文章として、低く評価されることになります。試験の答案なら、水増しは採点に影響しますから、是非避けるべきです。いずれにせよほとんどの実用文では、安易に見出しを設けず、あくまでも視点と事例の適切な配置で、読み手の納得と同意を得られるよう工夫すべきなのです（図表60）。

【図表60　見出しをつけるとの指示がない場合】

～2,000字以下	不要
2,000字～3,000字	大きな論点が複数あるなら設ける
3,000字以上	見出しを設ける

♣見出しが必要なときは

　ただし、見出しを設けたほうがよい場合もあります。まず、会社の標準的な書式として、見出しを設けることになっている場合や、あらかじめ口頭なり文章なりで、見出しを設けたり、章立をするように指示がある場合です。

　なぜなら、実用文で従うべき事項の優先順位は、「設問の指定や指示＞読み手の読みやすさ＞文章・表現の簡潔さ」の順番だからです。

　次に、文章全体の総字数が、おおむね3,000字を超えたら、章立や見出しを設けるべきです。これは、「長いから見出しをつけて読者の理解を助ける」という、見出し本来の目的を果たすためです。

　とくに、Q44で取り上げたように、メインテーマになる自説が複数あり、それらの自説を取り上げる順番を、読み手に説明する際は、見出しを積極的に設けるべきです。この場合には、どの部分でどの自説を扱っているかを、明確にする必要があるからです。したがって、このケースでは、1つの自説に対して、1つの見出しを立てることになるでしょう。

　本書を例にとって説明しましょう。本書は、通常の実用文に比べ、数十倍の分量があります。また、そこで、読者の皆さんにお伝えしたいこと、すなわち自説の数も非常に多くなります。このような場合に、見出しを設けなければ、読み手の皆さんは内容を理解しにくくなるでしょう。そのため、♣の形でピンポイントな見出しを設けているのです。

Q48 箇条書にするとわかりやすいってホント

Answer Point

♧箇条書は、見出しの変形であり、多用すべきではありません。
♧箇条書にする際には、書く箇条の長さやその相互関係に注意しましょう。

♣箇条書は見出しと同じ考え方で

箇条書は、Q47で検討した見出しの変形といえます。重要な点を説明抜きで単純に並べれば箇条書になります。逆に、箇条書のそれぞれに説明をつければ、その箇条が各項目の見出しになります（図表61、62）。

したがって、箇条書を多用するのは、見出しと同様、実用文では避けるべきです。もし箇条書で項目を並べただけなら、読み手はその項目の意味や重要性を理解できません。そこで、読み手の理解を得るという実用文の目的に従えば、各項目には、必ず説明の文章をつけることになります。その結果、説明の部分でも、箇条書の項目を繰り返すことになってしまいます。

これは、無駄に文章の量を増やすことになります。できるだけ簡潔にして内容を濃くし、読み手の負担を少なくしなければならない実用文では、このような重複を避けるべきであることはいうまでもありません。

【図表61　見出しと箇条書】

【図表62　箇条書の統一】

①〜こと（名詞）		①〜である（文）
②　〜　（名詞）	or	②　〃　（文）
③　〜　（名詞）		③　〃　（文）

♣箇条書を用いるのは一定の場合に限られる

箇条書を用いるのは、次のような場合に限られます。まず、文章全体が長くなる場合に、全体の見通しを示し、読み手の理解を助けるときです。自説がたくさんあって、前書で文章全体の構成を示すようなケースです。

例えば、「この問題について、1○○、2××、3△△、4□□の点から検討する」といった記述です。

次は、重要な視点・概念が長い場合に、これを記号にするために箇条書を

用いるケースです。

　例えば「これについて、1……、2……、3……、4……の観点から検討する」といった箇条書をしておくと、それ以降は、「1については」「2に関して」といった形で長い言葉を省略することができます。

　いずれにせよ、箇条書にするかどうかは、読み手の理解を助けることになるかどうかで決めます。書き手の側で考えをまとめられないために、なんとなく箇条書で項目を列挙した、といったケースをしばしば目にしますが、このような書き方は絶対にしないようにしてください。

♣箇条書にするときの注意点は

　箇条書で気をつけるべきは、形式を統一することです。

　事例をあげる際には、各条で「〜こと」と文末を終え、それぞれを名詞＝「ものごと」としてまとめるのが原則です。あるいは名詞にしないで、「〜である」といった、「文」の形式でそろえる場合もあります。いずれにせよ、名詞＝「ものごと」なら「ものごと」、「文」なら「文」で、各箇条を統一しておかなければなりません（図表62）。

　また、箇条の長さは、1行程度、長くても2行以内にすべきです。1つの項目があまりに長いと、通常の段落と変わりませんから、箇条書にする意味がなくなるからです。

　最後に、各項目の間に、矛盾や重複がないよう、注意が必要です。例えば、ここであげる事例は、地方自治体の職員の方が書かれた答案ですが、地域開発のために交通網の整備が必要だという主旨の論文でした。

　そこでは、①道路網の整備、②鉄道の増発、③高速道路の延長、④新幹線誘致、という項目が箇条書にされていました。

　この場合、③は①の、④は②の一部です。このように、他の項目に含まれるものを、同格のものとして並べることはできません。③④については、①②の中で触れるべきでしょう。あるいは、①②のほうを一般道路・在来線の問題にするなど、各箇条書が同格になるように、項目を再検討するべきです。

　箇条書を使えば、確かに書き手は楽です。しかし、実用文は、なんらかの状況を材料にして、読み手が食べやすいように書き手がつくる料理のようなものです。疲れて帰宅したら、食卓にインスタント食品がぽつんと置かれている景色を想像してください。誰だってがっかりするでしょう。

　ですから、書き手は、十分に腕をふるい、読み手に「おいしい」といってもらえるようにしなくてはならないのです。

Q49 規定字数を守れないときの方法は

Answer Point

♣ 規定字数を守らない実用文は、非常に低い評価になります。
♣ 字数の調整は下書ではなく、構想の段階で見当をつけます。

♣ 字数も重要な評価ポイント

　特に字数の規定がない場合には、原則として何文字書いても自由です。しかし、一般論として、実用文の長さはおおむね1,000字程度です。実際、WIEがお客様の文章を拝見すると、1,000字～1,200字以内という制限字数が圧倒的に多いようです。

　逆に、WIEで昇進試験の問題を用意するときにも、特にご要望がない限り、この字数を目安にしています。なぜなら、これ以上短い記述では、十分な論証はできませんし、逆に余り長いと、不要な部分を含んだ、水増しした文章になりがちだからです。

　さて、「○○字程度で」とか、「Ａ４で○枚以内で」といった字数制限が明確に示されている場合には、これを厳守する必要があります。特に昇進試験の際には、この制限字数は採点上も非常に重要です。そもそも、出題側が制限字数を設ける際は、「解答に必要な議論をするにはこのぐらい字数が必要」と考えて設定しています。ですから、それが満たされない答案は、出題側の期待に応えておらず、失格にならざるを得ないのです。

　したがって、制限字数以内で明確に自説を提示し、十分に論証しなければなりません。特に、「○○字以内」という制限字数の場合には、字数超過は規則違反ですから厳禁です。字数超過は、場合によっては氏名や受験番号の書き忘れなどと同様に、失格＝０点扱いになることもありますので、十分に注意してください。

　逆に書き上げた結果、制限字数の９割未満しかないのなら、重要な視点（＝書かなければいけないこと）を見落としている、あるいは論証の過程が不十分という重大な欠陥がある場合がほとんどです。したがって、仮に「1,200字以下」という制限ならば、1,080字以上1,200字以下で書かなければなりません。

　あるいは、「○○字程度」という、幅をもたせた字数制限の場合は、「○○

字程度」に対して、±1割の範囲で書きましょう。例えば「2,000字程度」という制限なら、1,800字以上2,200字以下で書かなければなりません。

♣構想段階で分量を決める

　この制限字数を守る方法として、すぐに思いつくのは、いったん下書をしてから、調整する方法です。確かに、通常の報告書や企画書であれば、制限時間が緩やかですから、このような方法も可能でしょう。しかし、これは、時間も手間もかかって、効率がよくありません。

　まして、厳しい制限時間のなかで答案を書き上げなければならない昇進試験では、致命的な失敗につながります。どんなに分量調整に留意しても、制限時間までに答案が完成しなければ、0点になってしまうからです。

　そこで、おすすめするのは、全体の構成を考える際に、字数の見当をつけておくことです。つまりQ44で触れたように、全体の構成を考えるときに、同時に字数の見当をつけるのです。

　具体的には、取り上げる自説・視点・論拠となる事例それぞれを書くのに、どのぐらいの字数がいるか、予想します。ここで、制限字数の9割に満たないのであれば、さらに視点や事例を探すことになります。逆に、制限字数を超えるおそれがあるときには、重要性の低い視点・事例を割愛しましょう。

　確かに、実用文を書き慣れない段階では、このような判断は難しいかもしれません。しかし、取り上げる項目ごとに、どのぐらいの字数が必要になるか意識して書く練習をしますと、見当がつけられるようになってきます。

　この見当のつけ方については、Q51でより詳しく述べます。その要点をいえば、1段落＝150字という原則を知っておくことです。これに従えば、実際に下書をせずとも、構想の段階で正確な字数の見積りができます（図表63）。

【図表63　構想のつくり方】

第1段落　AはB	150字	
第2段落　Bの具体例1	150字	全体で〇段落×150字
第3段落　Bの具体例2	150字	

　WIEがお客様の答案を拝見していると、分量超過が問題になる方は極めてまれです。なぜなら、文章を書き慣れない方のほとんどは、そもそも書くべき内容をどうやって豊富に集めるのかを知らないため、「どうやってこの字数を埋めようか」と悩むことが多いからです。

　ですから、字数の問題とは、事前の準備不足の問題であって、だからこそここまで繰り返し説明したように、業務をみつめ、豊富な視点と自説を用意することが必要なのです。

Q50 文章がブツ切れになってつながらないときは

Answer Point

♣文と文、段落と段落は接続の言葉で結びついていなければなりません。

♣接続の言葉は、文法上の接続詞だけではありません。

♣つながっている「つもり」ではいけない

　書いた実用文が論旨明快なものとなるためには、全体の構成要素である文、さらにその文から構成される段落同士が適切につながっていることが必要です。この結びつきが、文脈といわれるものです。

　そもそも、すべての文（文章内の各一文）、ならびに段落は、必ず直前もしくはそれ以前の記述と結びついていなくてはなりません。これを軽々に考えないでください。

　自分ではつながっている「つもり」と、読み手がつながっていると「感じる」ことは、全く異なります。実用文は、読み手の納得や同意を得るために書くのですから、書き手の「つもり」は通用しないのです。

　つながっているかどうか以前に、つなげるそれぞれが明らかであること、つまり各文に含まれる言葉が、なにを意味するか明らかでなければ、つなごうにもつなぐことはできません。

　ここで失敗しないためには、Q44で述べた文章を書く前の作業が大切です。書き出す前に、視点や事例が一本のストーリーでつながるように、全体の構成を慎重に決めなければなりません。

　この作業を怠りますと、自分でもなにをどう書くかわかっていないことになります。

　実用文を書いていて、なんとなくもやもやした感覚を覚えることがあるでしょうが、それは、自分自身もなにを書いているのか、わかっていないことの表れです。

　実のところ、「つながりが悪い」文章になる原因は、そもそも書き手が、なにを書いているのかわかっていない、あるいは言葉を水増ししていることにあるのが、ほとんどなのです。

♣ 文と文・段落と段落をつなぐ方法

　その問題を、これまで説明した手順、すなわち書く前に、材料を集めて十分準備して、解決したとしましょう。

　次の段階では、文と文、段落と段落を、互いに適切な言葉によって結びつける作業が必要になります。これがないと、論旨は明確になりません。

　結びつける必要のあるなしは、書き手には意識をされないことがほとんどです。したがって、文と文は、意識的に結びつけるようにしなくてはなりません。

　これは、話が飛んでしまうことを防ぐ＝文脈をつなぐために必須の作業です。前の文の主部または述部のいずれも扱わない文を書く際には、必ず前後がどうつながるかを示す、つなぎの言葉を入れてください。

　これは段落も同様です。ほとんどの段落では、直前とは別の視点＝内容を述べるわけですから、この作業が必要になります。

　逆にいえば、つなぎの言葉を冒頭につけられないような記述は、書いてはいけないのです。これは文章を思いつきではなく、ストーリーを立てて書くためには必要で、具体的には、図表64のような言葉を補うことです。

【図表64　つなぎの言葉の例】

例1	風が吹いた。だから風車が回った。
例2	（第X段落）…この方針は間違いである。 （次の段落）　なぜなら…

　このように、文と文、段落と段落の間に、必ず前後をつなげる「のり」になる言葉を入れるのです。同時にこの作業は、書き手の頭の中にあるもやもやした話を整理し、誰が読んでもわかるような構造へと、変換していくことでもあります（図表65）。

【図表65　つなぎの言葉で1本のストーリーが通るようにする】

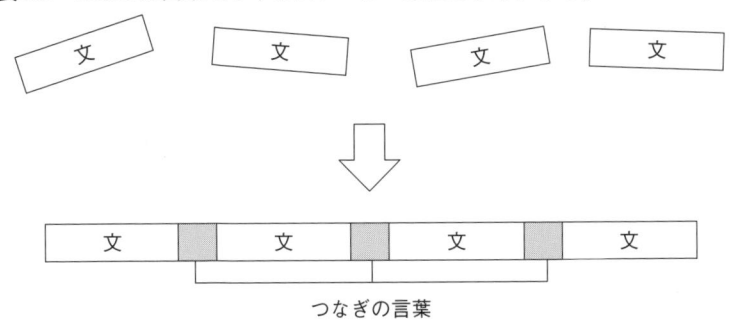

Q50　文章がブツ切れになってつながらないときは

♣つなぎの言葉には、どのようなものがあるか

　ここでいうつなぎの言葉のうち、最も一般的なものは接続詞です。しかしつなぎの言葉は文法でいう接続詞に限りません。

　例えば、Q44の例文をみてください。各文と文の間、あるいは各段落の頭に、前の文や段落や、それ以前の文や段落とつなぐための言葉があります。その中には、接続詞でないものもあるでしょう。

　このように定型の接続詞にこだわるのではなく、なにが適切な言葉なのか考えることが、文章力向上には必要です。

　例えば、「大風が吹いている。したがって、桶屋が儲かる」という2つの文は、「したがって」という接続詞が使われていますが、前後の脈絡がなく、文章とはいえません。

　これに対して、「大風が吹いている。これでは、砂埃が舞って目を痛める人が多いだろう。視覚障害者は、（江戸時代では）三味線を弾く仕事を始めることになる。三味線の需要が増えれば、その材料になる猫がたくさん捕獲される。こうして猫が減れば、天敵がいなくなるのでネズミが増える。ネズミは桶などの木製品をかじる。桶の破損が増えれば、桶屋が儲かる」という文章なら、前後の脈絡は明確です。

　この例では、各文の間に必ずしも接続詞はありません。しかし下線を引いた言葉は、それぞれその直前の文でも重要な概念として使用されています。つまり、各文の中心になる概念が共通しており、これがつなぎの言葉として機能しているのです。

♣つなぎの言葉が入らないところは構成から再検討が必要

　いずれにせよ、書いた文章の中につなぎの言葉がどうしても入らない部分があるなら、そこで文脈がとぎれていることになります。これは、実用文としては重大な欠陥で、必ず避けなくてはなりません。

　このような場合は、もう一度最初の構成にもどって、考え直さなければなりません。なぜなら、ことはつなぎ方の問題ではなく、取り上げた視点や事例が不適切なことにあるからです。

　確かに、こうした再検討は面倒な作業ですが、ここで手抜きをしたのでは、優れた実用文にはなりません。特に昇進試験では、致命的な減点に繋がるのです。

Q51 段落の長さがまちまちで我ながら読みにくいときは

Answer Point

♣段落は内容のまとまりごとに、区切っていきます。
♣段落の長さは、150字を標準として構成します。

♣段落構成の原則

　Q50では、前後の段落が関係づけられていることの重要性について説明しました。では、そもそも段落とはなにか、また段落をどう構成するか、その原則についてここで考えてみましょう。

　段落とは、形式的には文章の途中で行が改まっている位置から、次に行が改まるところまで、と定義できます。見た目には、文章の中で意味のまとまっている1ブロックということになります。

　なぜ段落を設けるかといえば、人間が一連のものとして理解できる情報の量には、限界があるからです。ですから、意味のまとまりごとに段落を設け、読み手が内容の変わるところを一目でわかるよう、段落を使うのです。

　しかし、段落は、好きなように区切ればよいというものではありません。実用文の目的である読み手の納得・同意を得るために、適切な長さにしなければならないのです。

　すぐに思いつく基準は、書かれている内容が変わる場所で段落を改めることです。しかし、単純に書き手の印象や感覚だけで段落を分けたのでは、かえって読み手の理解を妨げます。実際、WIEが答案を拝見すると、僅か1～2行で段落を設けているため、1,000字程度の文章の中に数十も段落があり、意味のまとまりがつかみにくいものがあります。

　その逆に、1,000字の答案に、せいぜい3つ位しか段落分けがなく、これまた意味のまとまりがわかりにくい文章もあります。

　このような不適切な段落の設け方は、読み手の納得や同意を得るという実用文の目的に対して、むしろ障害でしかありません。

♣適当な段落の長さというのは

　では、どうすればいいかといえば、段落の長さを150字程度に固定してし

まえばよいのです。これは経験的にわかっており、今までも多くの文章家が、150字を１段落として、文章を構成することをすすめています。

なぜ150字かといえば、ある視点で１つのものごとを述べるとき、150字に足りない記述では内容不足だからです。例えばAはBであると断定するためには、その理由を説明しなければなりませんが、この断定＋理由説明だけで、すでに２つの文が必要です。

さらに、読み手が納得するためには、理由は１つではなく、複数あることが望ましいですが、それなら最低でも、合計３つの文が必要になるはずです。

実用文で用いるような日本語では、１文はだいたい50字程度ですから、50字×３文で、１段落は150字になることが、これでおわかりでしょうか。

逆に、150字を大幅に超えるような視点＝段落は、まず無駄な概念が含まれていないか、無用な言い回しをしていないかを検討しましょう。これには漢語の知識など、簡潔な記述を導くために、十分な読書経験が必要です。

それでもなお、収まらないなら、１つの視点を２つ以上＝２段落以上に分けて説明すればよいのです。

♣適切な段落分けができれば、字数の見通しも立てやすくなる

このように、１段落が150字であることがわかれば、文章を何段落構成にすればよいかもわかるでしょう。仮に1,200字の文章であれば、1,200字÷150字で、８段落構成になるはずです。

このうち１段落は自説と、その補足説明あるいはどのように論証していくかの舞台設定で用いられますから、おおむね残り７段落が、自説を論証するための、視点の記述に用いられるわけです。

逆にいえば、書く文章の総字数が決められたなら、自説を論証する視点をいくつ考えなければならないか、これで決まることになります。つまり1,200字の実用文なら、必要な視点は７つです。

もちろん視点によっては、２段落を必要とするものもあり得ますが、原則は、自説以外の段落の数だけ、異なる論証の材料が必要と考えましょう（図表66）。

【図表66】

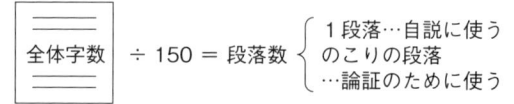

全体字数 ÷ 150 ＝ 段落数 { １段落…自説に使う / のこりの段落…論証のために使う

Q52 最後になっても結論らしい結論が書けないときは

◎ Answer Point

♧最後の部分に結論を書く必要はありません。
♧結論がどこにあるかわからなくなるのは、視点や事例の選定とその関係づけに失敗するからです。

♣結論というのは

　この疑問について考える前提として、結論とはなにかを明確にしておきましょう。これは、文章全体を通じての最も大切な主張ということになります。1つの実用文の中で、メインテーマになるたった1つの自説がこれに当たります。
　この自説が、「AはBである」（Bでなければならない）といった形になることは、既に述べましたが、実用文は、これを読み手に納得してもらうために書くものです。したがって、結論が存在しないのであれば、とりもなおさず実用文として失格だということになります。

♣結論は最後に書くものではない

　ただ、この自説＝結論は、最後に書くとは限りません。読み手に納得・同意してもらうために適切な位置であればよいのです。すでになんども述べているように、むしろ、読み手になにを主張する文章かをあらかじめ知ってもらうためには、冒頭に自説＝結論を書くべきです。また冒頭に自説をおくことで、書き手の側にとっても、本論と関係のないことや矛盾したことを書くという失敗を避けることができます。
　確かに、書籍のように全体の文章量が多い場合には、冒頭で述べた自説を読み手が最後まで意識し続けているのは難しいでしょう。そのため、最終部分で自説を強調する形をとります。少なくとも、もう一度自説を繰り返す場合が多いのです。しかし、一般的には1,000字程度しかない実用文で、このような配慮をする必要はないはずです。
　このため、一般の書籍などで見慣れている位置に自説＝結論がないことに、違和感を覚える方もいるかもしれません。これは、日頃から勉強熱心で、読書量の多い方には、特にありがちなことです。つまり、最後に結論がないと

不安というのは、今までに、結論が冒頭にくる文章になれていないために過ぎないのです。

しかし、日常皆さんが読み慣れている書籍と、通常の実用文は、絶対的な分量が異なりますので、最後に自説をおく必要はありません。したがって、最後の部分に自説がなくても、実用文で評価が下がるかどうかとは無関係なのです。

♣結論がわかりにくい文章はやはりいけない

一方、冒頭に自説をおいているのに、結論がはっきりしない実用文もあり得ます。この原因は、せっかく冒頭で自説を述べても、それに続く視点や事例に不適切なものが混じっているためです。つまり、自説＝結論と関係のない記述が途中にあることで、最後まで読み進めても、なにが結論だったのか、不明確になっているのです。

こうした失敗を避けるためには、すべての記述は、自説と論証のみであるという原則に帰り、自説を補強しない視点や事例を取り除かなければなりません。

ここで、自説と関連づけられない記述やものごとは、どんなに面白いものであっても、実用文に取り上げることはできないのです（図表67）。

【図表67　自説＝結論を明確にするには他の部分と結びつける】

自説＝結論が明確　　　　自説＝結論がどれか不明確

また、視点や事例の選び方だけでは、結論を明瞭に示せません。Q50でも説明したように、つなぎの言葉を用いて、文同士・段落同士の関係を明確にしていかなければならないからです。ここで失敗すると、自説と関係づけのない部分ができてしまい、やはり結論がなにかわかりにくい文章になってしまいます。

冒頭に自説をおいて実用文を構成する方法は、失敗の可能性が少なく優れたものです。ただし、以上の点を守ることが絶対条件です。これらができていないと、どれが結論なのかわかりにくくなり、読み手の納得や同意を得られなくなってしまうのです。

Q53 文章の締めくくり方は

Answer Point

♣ 原則は自説の視点とその事例で論証をすれば、それが締めくくりになります。

♣ 長大な文章ではまとめで締めくくる方法もあります。

♣決まった締めくくり方はない

Q52で述べたように、結論を最後に書くのでないとすれば、実用文はどのように締めくくればよいのでしょうか。

これは、Q45の書出しと同様、挨拶文などの例外を除いて、決まった締めくくり方があるわけではありません。

一般的には、冒頭、あるいはその近くに自説を述べ、それに対する視点と論証のための事例を書いていくことになります。したがって、最後の視点および論証が、締めくくりということになります。

実用文の標準的な字数である1,000字程度であればもちろん、1,500字以内までなら、このような終わり方で十分です。むしろ、自説とその論証以外の余計なことを書けば、読み手のウンザリ感の原因となります。また、自説と関係のない記述をすることで、自説＝結論の印象を薄めてしまい、全体としての説得力を弱めてしまいます。

実用文では、自説とその論証だけを書けば、それで十分だという原則を、まずは肝に銘じてください。ただし、より説得力を増すために、締めくくりを工夫することは悪いことではありません。図表68の2つの場合などは、必ず締めくくりを入れなければならないこともあります。

【図表68　実用文で必ず締めくくりが必要なとき】

実用文で必ず締めくくりが必要なとき	① 自説が複数あり、最後の視点と事例はその1つにしか関係しないとき
	② 自説の論証は済んだが、字数に余裕があり、さらに自説の有効性を強調したいとき

図表68の①の場合は、ある自説だけを最後に取り上げる形になりますので、読み手が論文全体の主張や結論を誤解する可能性があります。また、②の場

合には、まだ自説の妥当性を述べる余地があるのに、それをあきらめることになります。これは、いずれも読み手の納得・同意を得るための材料を使い切っておらず、実用文の目的も十分果たしていないことになります。

♣まとめの種類は

　図表69の①②の場合には、文章の最後に視点や事例以外の記述をすることになります。これはいわゆるまとめに当たります。このまとめは、①②の場合に応じて性格が異なり、その書き方も違ってきます。

　まず、①の場合には、冒頭で取り上げた自説をもう一度繰り返すことになります。これは、Q45で述べた前置きの場合と同じです。答案で主張したいことがたくさんあるので、最初または最後でこれを整理して、読み手に確認・強調するためのまとめになります。

　②の場合では、論証をせずに今後の展望、他分野への影響を示す、といった記述をします。これは、十分な論証はできないが、視点だけを示しておくという形になります。実際に論証したこと以外の広がりを示すことで、将来性などを示すのです（図表69）。

【図表69　まとめの性格】

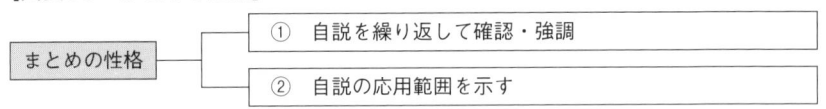

まとめの性格	① 自説を繰り返して確認・強調
	② 自説の応用範囲を示す

注：いずれも文字数によっては不要。

　ただし、①②いずれも、これらを設ける必要があるのは、2,000字以上といった、実用文としては標準的な長さを大きく超える場合です。

　昇進試験など字数制限がある場合には、こうしたまとめはあくまでも制限字数の枠内に収めなければなりません。自説とそれを論証するための視点や事例に比べれば、重要性の低い箇所なのです。

　①であれば他の箇所と重複しますし、②であればその記述への論証を欠く部分となります。いずれにせよ、字数に余裕がないときには全面的に割愛しても、全体の論旨に影響しない箇所です。したがって、自説とその論証だけで制限字数を使い切ってしまうのであれば、そちらを優先し、まとめは設けるべきでないのです。

　特に、視点や事例が十分な数を用意できないからといって、こうしたまとめで字数稼ぎをすることは厳禁です。これは、必要なことを書かずに不要なことを書いたとして、大きな減点につながります。

Q54 表題や見出しのつけ方は

Answer Point

♣表題や見出しなどのタイトルは、文章の最も短い要約を書きます。
♣タイトルは、文章の他の部分と区別できるよう、表現を工夫しましょう。

♣タイトルというのは

　一般の実用文では特に表題はなく、せいぜい「報告書」「始末書」「企画書」「稟議書」といった、一般的な名称を冒頭や表紙に書くだけで十分な場合が多いでしょう。

　しかし、文章全体に表題をつけるように指示される場合もあります。特に昇進試験では、答案に題名をつけなさいというものが時々見受けられます。

　また、文章全体の題名以外にも、文章の途中に見出しをつけなければならない場合もあります。Q47では、原則として見出しは無用と述べましたが、あらかじめ指示された場合や、文章が長大になる場合には、読み手の理解を助けるために、見出しを設けることがあります。

♣タイトルはあくまでも読み手が内容を理解する上での補助

　ここでは、文章全体の表題や、文章をいくつかのブロックに分けた際の小見出しといった、いわゆるタイトルの書き方について説明します。

　皆さんも学生時代、国語の時間に、文章の主題をまとめたり、表題を書くという課題を課されたことがあると思います。タイトルをつける際の考え方は、基本的にこれと同じです。

　文学作品などの場合を除いて、こうしたタイトルは、タイトルの対象になる文章を最も短く要約したものとするのが原則です。さらに、この要約とは、その文章の中で、最も重要な概念とその関係を、できるだけ短く示すことです。

　したがって、どんなに印象的な言葉でも、その文章の重要概念になっていないものは、タイトルとして使えません。タイトルはあくまでも読み手が内容を理解する上での補助になるものです。ですから、全体の内容を正しく反映しない概念を用いることは逆効果であり、読み手を混乱させてしまうだけ

です（図表70）。

【図表70　タイトルの原則】

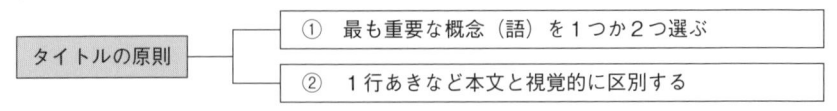

タイトルの原則	① 最も重要な概念（語）を１つか２つ選ぶ
	② １行あきなど本文と視覚的に区別する

♣タイトルをつける際には形式にも注意する

　ここまで述べた原則に従って、タイトルをつける際には、その形式にも注意が必要です。

　まず実用文の書式にもよりますが、その書式で２行以上になるようなタイトルは、失格です。これは、最も短い要約というタイトルの原則に反するからです。

　次に、タイトルは実用文の本文と明確に区別できるように、書き方にも工夫する必要があります。これにはいろいろな方法がありますが、その基本を紹介しておきましょう。

　まず、文章全体に対する表題であれば、もちろん文頭に書きます。その際、他の部分との違いがわかるように、３文字分以上、書出しをあけましょう。横書なら左から４文字目、縦書なら上から４文字のところから表題を書くのです。さらに、本文との間に１行分の空きを設けてください。

　また小見出しの場合には、書出しに空きを設ける必要はありません。横書なら左端、縦書なら上端から書き出します。ただし、小見出しの前の段落との間には、１行の空きを設けるようにしてください。

　ワープロソフトなどを使用する際には、タイトル部分の書体（フォント）を変えるなどの方法で、さらに他の箇所との違いを明確にすることもできます。いずれにしても、タイトルの部分は多の文章とつなげて読むのではないことが、読み手に明らかになるようにしてください。

　このような配慮を怠ると、タイトル部分が他の文章と区別ができず、内容的につながらないものが挿入されていることになります。こうした区別のない書き方は、読み手を著しく混乱させますので、避けなければなりません。

　なお、昇進試験の答案で、字数稼ぎのために、小見出しをたくさん設けるのは、繰り返しますが厳禁です。小見出し自体は、前後と文脈のつながらない部分ですから、見出しの数が多ということは、それだけ文脈のとぎれた文章ということになるからです。

　ですから、仮に2,000字の文章であっても、見出しを設けるのは３〜５程度にすべきです。まして字数稼ぎと判断されますと、採点上もマイナスになります。

Q55 書くのに時間が掛かって困ったときの乗切り方は

Answer Point

♧ 時間を短くするには練習が必要ですが、特に構想の段階は短縮可能です。

♧ 実際に書く時間から、構想に使える時間を逆算します。

♣ **どこで時間がかかっているか**

社内向けの業務報告であれ、社外向けの提案書であれ、一般に実用文には「いつまでに」という提出期限が存在します。昇進試験では、もっと厳しく制限時間が設けられています。

いかに優れた内容の文章であっても、時間切れになっては、評価の対象外です。ですから、文章作成能力には、速さも重要な要素として含まれているのです。

この速さを身につける方法は、多くの文章を実際に書いてみるしかありません。Q35で説明した「なにを書かなければならないか」の発見から、最終的に実用文を書き上げるという作業を繰り返し練習するのです。しかし、この練習をする際にも、ポイントとになる箇所があります。

一般に文章作成に時間がかかるのは、この構成を十分詰めないまま、書き出そうとしているからです。確かに、詳細な構成を立てるのは時間が掛かります。しかし、大雑把なメモからいきなり書き出せば、途中で最初の構想が行き詰まり、大きな修正が必要になります。その結果、最初の「なにを書かなければならないか」から、全部やり直しになることもしばしばです。

ここで、多少時間が掛かっても、精密な構想を立てるようにしてください。この構想を立てる段階が、練習によって最もスピードアップできる部分なのです。逆に、この部分がいい加減なままでは、文章作成は速くなりません。

したがって、自宅で練習する際はもちろん、実際に実用文を作成する際にも、じっくりと全体の構想を考えるようにしてください。文章を作成する際、途中でつかえたり、なんども書き直していたが、詳細な構想メモを作成するようにしてから、驚くほどスピードアップできたという方も多いのです。

特にワープロソフトが普及してからは、なんとなく思いつくままに文を書いても、後でデータを編集すればよいと考え、構想を立てず書き出すケース

が多いようですが、文章の初心者にとって、ワープロは構成の助けにならず、全体の構想の中に位置づけられない文が増えるばかりです。ですから、まずは、全体の構想を詰めるようにしてください。

♣実際に書く際の時間配分

こうした練習によって、構想段階での時間は大きく短縮できるはずです。それに対して、実際に文字を書く作業は、個人差があるにしても、なかなか短くはなりません（図表71）。これは、決して想像で無責任なことをいっているのではなく、WIEがこれまで指導してきた経験から申し上げているのです。

【図表71　実際書くのにかかる時間を計っておく】

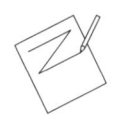

また、文字を書くことに関しては、小学校以来皆さんが取り組んできたことであり、これまでに十分、経験を積んでいるはずですから、これからの練習で、大きく時間を短縮する余地がないのです。

それに対して、実用文の構想を一定の手順に従って考える、という体験は、皆さんには馴染みがないでしょう。中には、この本を読んで初めてこうした方法に取り組む方もおいででしょう。だからこそ、文字を書く作業とは異なり、これから大いに短くできるのです。

このことは、実際に昇進試験対策を考える上でも重要です。昇進試験の対策はQ33でおすすめしたように、なにをおいても過去問で演習することです。その際、構想がまとまった後、手を動かして実際に答案を書く作業の、所要時間を計っておきましょう。この時間は、出題の制限字数とほぼ比例して一定です。

例えば、1,000字の答案を手で書くのに20分掛かるなら、2,000字なら40分になるはずです。残念ながらこれは算数の問題であって、ここから短くも長くもなりません。

逆に、この答案を書く時間を、試験の総時間から引いた残りが、設問の内容を把握し、答案の構想を立てるのに使ってよい時間となります。これを把握しておくだけでも、実際の試験場で、制限時間を有効に使うことができるでしょう。

さらに、この考え方は、昇進試験以外の実用文を書く際にも、役に立ちます。期日を守るためには、どのような時間配分で作業をすればよいか、予定が立てやすくなるはずです。

6 書きながら注意すべきことは

　いざ書き出すと、原稿用紙の使い方や言葉遣いなど、どうしたらよいか迷うことがたくさんあります。また、読み手の心理を見切って書かねば、高得点は望めません。
　その実践法を学びましょう。

Q56 原稿用紙の使い方は

Answer Point

♧一般的な書式を守らなければ実用文の評価が下がります。
♧1マスに1文字ずつ詰めて書くのが原則ですが、いくつか例外もあります。

♣つまらないミスが大きな減点に

　個人的なメモなどを除き、自分以外の読み手がいる文章を書く場合には、いくつか守るべき書式があります。これを外すと、非常に読みにくい文章になり、実用文の評価を下げます。

　これは特に、昇進試験なら致命的です。残念ながら、昇進試験は落とすためのものですから、書式に関するミスが致命的な減点になり得るのです。

　普段使うワープロソフトでは、こうした書式はあらかじめ設定されていることが多いので、特に意識しなくても大きな誤りにはなりません。

　しかし、昇進試験では、手書で答案を作成することが一般的ですから、特に注意が必要です。

　ここでは、書式の基本を紹介しますので、答案を書く際の参考にしてください。

　まず、その大原則は、文字はもちろん、記号などもすべて1文字分ずつの大きさで書く、ということです。文字と文字の間に空きスペースを設けたり、1字分のスペースに2文字以上書くといったことはありません。

　しかし、これにはいくつかの例外があり、正しい書式で書くためには、この例外を知っておく必要があります。

♣文章の書出し・段落や行末・行頭の特殊な扱い

　文章の書出し、段落のはじめは、原稿用紙のマス目1文字分だけ下げます。罫線だけの用紙に書く場合も、同様に1文字分空きをつくります。このときの1文字とは、だいたい1行の高さのことです。ただし、見出しの場合には、この字下げはしません。

　さらに、句読点（。、）が、行末や行頭にくるときは、図表72、73のような原則で処理します。

【図表72　文章の書出しや段落のはじめの処理】

	文	章	の	書	出	し	、	段	落	の	は	じ	め	は	1	文	字	分
下	げ	ま	す	。	罫	線	だ	け	の	用	紙	に	書	く	場	合	、	1
文	字	と	は	だ	い	た	い	1	行	の	高	さ	の	こ	と	で	す	。
た	だ	し	見	出	し	は	下	げ	ま	せ	ん	。						
	こ	れ	は	マ	ス	目	の	あ	る	用	紙	で	も	お	な	じ	で	、
段	落	の	頭	は	1	文	字	分	下	げ	ま	す	。	段	落	を	改	め
た	ら	、	ま	た	1	字	分	下	げ	ま	す	。						
	こ	の	よ	う	に	。												

【図表73　句読点の処理】

	最	後	の	マ	ス	目	の	次	に	、	や	。	が	来	た	と	き	は、
こ	の	よ	う	に	最	後	の	マ	ス	目	に	詰	め	て	書	き	ま	す。

【図表74　とじカッコの処理】

	か	っ	こ	は	（	こ	の	よ	う	に	）	1	マ	ス	で	書	き	ま
す	。	た	だ	し	と	じ	か	っ	こ	）	は	（	行	頭	に	書	か	ず）
←	こ	の	よ	う	に	追	い	込	み	ま	す	。	「	」	も	同	じ	。

　また、「」『』（）などのカッコ記号のうち、」』）などのとじカッコも、同様に、行頭には書きません（図表74）。

　ずいぶん複雑な決まりだと思われるかもしれませんが、原稿用紙も罫線紙も、原則は、読んで声に出す文字や―（オンビキといいます）は必ず1字分をマス使い、声に出さない句読点・かっこは、行末に来たら詰めるのです。

♣ 1マスに2字分書くときは

　こちらも、図表75を参照していただくとわかりやすいと思います。
　このほか、英字やアラビア数字に関しても、1文字ずつという原則とは異なる例外があります。特に横書の場合には、図表75のように書きます。

【図表75　英字やアラビア数字の書き方】

	英	字	や	数	字	を	2	文	字	以	上	続	け	て	書	く	場	合
は	、	19	98	と	か	ab	il	it	y	の	よ	う	に	、	1	マ	ス	に
2	文	字	つ	め	て	記	し	ま	す	。								

　1マスに1文字ずつでも誤りではないのですが、この方が単語や数字のつながりがわかりやすく、しかも字数の節約にもなります。
　ただし、縦書の場合には、1文字1マスの原則になります。また縦書の場合には、英字やアラビア数字ではなく、カタカナや漢数字にするほうが一般

的です。

　なお、マス目のない、罫線紙だけの用紙を使う場合には、欧文の単語や一連の数字が行末・行頭で切れないように注意しましょう。

【図表76　欧文の単語や数字が行末・行頭で切れないように】

「。」「、」とじかっこが行頭に来ないように気をつけるのは、(罫線紙の場合も)同じ。英数字を使う場合にも、できるだけ途中で改行しないように、nonbrandedのようにつめます。特に数字の場合、途中での改行は避けましょう。例えば567,890,123と書かれては、読む方はとても苦労します。

♣規則を破れば評価を失う

　ここでは原稿用紙の使い方を説明しましたが、これ以外にも、実用文で守らねばならない書式はありえます。例えば、氏名をどこに書くか、社員番号を記すか記さないか、それをどこに記すのか等です。

　こうしたいちいちの規則は、些細なことには違いありません。しかしだからといって、守らなくても通用するわけはありません。もちろん、こんなことは誰でも知っていることで、この文章を通したいと考えているなら、決まりごとすべてに従って書くことを、それほど面倒だとは考えないものです。

　実際、実用文を読む側に回ると、書き手のやる気と規則を守ることの間には、密接な関係があることがわかります。規定の書式は守っていないものの、内容だけはすばらしい文書を目にすることはありません。規則違反の文章は、必ずといっていいほど、内容がなく国語的にも誤りが多いものです。

　本書を手に取った皆さんは、書いた実用文を評価されたいと思っておいででしょう。

　しかし実用文の評価は、ただ願えばかなうものではなく、評価されるように書き手が行動することが必要ですし、その行動には、書いた実用文を通したいというやる気が必要です。

　なぜなら、ここまで述べたとおり、評価されるための事前の準備と、書く際に必要な作業は、決してお手軽ではないからです。このお手軽でない作業をやり通すだけのやる気がなければ、評価を勝ち取ることはできないのです。

　そのやる気があるなら、こまごまとした規則のいちいちを、完璧にこなすことなど簡単なことでしょう。したがって、評価する側も、規則違反を見ただけで、書き手にやる気がないと判断し、内容を読む前に、大きく評価を下げてしまうのです。

Q57 「です・ます」調か「だ・である」調や敬語の使い方は

Answer Point

♧実用文の基本は、短くて済む常体（だ・である調）の使用をおすすめします。
♧過剰な敬語は、読み手の理解を妨げます。

♣実用文は常体（だ・である調）で書く

　日本語の文体には、大きく分けて敬体（です・ます調）と常体（だ・である調）があります。WIEで答案を拝見していると、1つの文章の中で、この敬体と常体の両方を交えた文章をみかけます。
　しかし、このような混用は、実用文の書き方以前の問題として、文章作法として誤りです。その結果、提出先から突き返されたり、昇進試験では即不合格と評価される場合もあります。

【図表77　文体の統一】

　　　　〜〜である。〜〜〜
　　　　〜〜しま<s>し</s>た。〜〜　　　　常体と敬体は混用しない
　　　　〜〜で<s>す</s>。〜〜であった。

　実用文では、敬体を使ってはいけないという規則はありません。しかし、常体を使う方が一般的です。特に、昇進試験には制限字数がありますから、短くて済む常体を使用するようおすすめします。なぜなら、同じことを表現するのに、字数を多く必要としたのでは、述べるべき内容が薄くなるからです。これでは他の答案に勝てません。
　さらに、敬体で書いたところで、内容には全く影響しませんが、そのために文章が長くなれば、読み手のウンザリ感の原因になります。この点でも採点上不利になります。
　確かに、社外に提出する提案書や見積書の場合には、相手先に失礼がないように敬体で書くべき場合もあります。しかし、これも1,000字未満といった短い場合に限定すべきでしょう。長文にわたる企画提案書などでは、読み手が理解しやすいように配慮しなければなりません。したがって、簡潔な文

体を用いるべきであり、この点で常体のほうが優れているのです。

　特に敬体で書くように指示がある場合や、勤務先の慣行として敬体を用いることになっている場合を除き、実用文では、「だ・である」の常体で書くようにしてください。

♣過剰な敬語は不要

　実用文は、できるだけ短く簡潔に書くように心掛けなければなりません。そこで、問題になるのは敬語表現です。一般に敬語を使用すれば、それだけ文章が長くなります。しかし敬体同様、文が意味する内容は、全く変わりません。内容に変化がないのなら、より短く表現することが実用文の大原則ですから、敬語の使用は最低限にすべきです。

　特に社内に提出する文章であれば、読み手は所属する組織内の人物ですから、過剰な敬語表現は不要です。せいぜい社内の個人を名指しする際に、呼び捨てにせずに役職名をつけ、「A部長」といった表現を使う程度にしましょう。これで十分上司に対する敬意を表したことになります。

　もちろん、組織外に出す文章なら、相手先に対する正確な敬語表現は必要です。しかし、この場合にも過剰な敬語表現は避けるべきです。例えば、WIEに提出された実用文を拝見していると、敬語表現を重複して用いることで、二重敬語になっている場合がしばしばあります。二重敬語は、特殊な場合を除き、文法的にも誤りとされますので、避けなければなりません。

　ここは事例で説明しましょう。「この件につきましては、御社の○○部長様より、××ではないか、というご指摘を頂戴致しました」という文があります。下線部分が敬語表現ですが、短い文なのに、たくさんありますね。

　この敬語表現を最低限にすると、「この件については、御社○○部長より、××ではないかという指摘をいただきました」となります。こちらのほうが、内容がわかりやすく、しかも必要なだけの敬意を表しています。

　読み手に対する敬意や配慮の中では、内容を理解しやすくすることが最優先になります。敬語表現は、確かに読み手に対する配慮の1つですが、そのために読み取りにくくなっては本末転倒です。

　逆にいえば、主張が明快で理解しやすい文章を書くことが、敬語を多用する以上に、読み手に対する敬意を表すといえます。なぜなら、評価される＝読み手の心理を操りたいのなら、必要なのは敬語という「形」ではなく、なにが望まれるかという「見切り」だからです。その望みを満たすことが、読み手に通じる敬意であることを忘れないでください。

Q58 自説と他人の意見が混ざってしまったときは

◉ Answer Point

♧ 書き手の自説と課題文の見解を書き分けなければ、失格です。
♧ 他者の見解は、できるだけ一箇所で紹介し、断りを入れておきます。

♣ 誰の意見なのか不明確では評価は下がる

　WIEに提出される実用文の中には、鋭い分析を含む報告や、即座に役立ちそうな提案を含むものがあります。しかし、これらをよく読んでいくと、分析や提案が果して書かれた方の自説なのか、それとも他の方の考えを紹介しているだけなのか、不明確なものがあります。

　特に、参考として読まなければならない資料や課題文が与えられている場合に、このような文章が多くなるようです。つまり、資料や課題文に書かれている考えと、書き手自身の考えが区別できなくなっているのです。しかし、いくらいいことが書いてあろうと、他者の借り物では、非常に低い評価を受けます。

　実用文に限らず、およそなんらかの主張をする論文では、資料その他「他者の見解」と「論文筆者の見解」が、明確に区別されていなければなりません。昇進試験の場合は、この点が不明確なら、資料・課題文が読めていない、と評価されます。さらに最悪の場合、他人の考えを盗用したと判断されかねません。

　これは昇進試験以外の場合でも、同様です。そもそも実用文は原則として、組織の一員として書くのですから、そこで述べた内容には責任が伴います。それなのに、誰の考えかわからないような書き方をしては、失格です。

　さらに、場合によっては、実用文の読み手はただ読むだけでなく、内容について調査・研究する必要があります。しかし、誰の考えなのか不明確な記述では、なにを調べればよいのか、どこに問い合わせればよいのか、読み手は大いに困惑します。自他の見解が混在した文章は、こうした実務の上でも、混乱をもたらすことになります。

　実用文の中で、書き手が自分以外の人の見解を紹介することは、もちろん悪いことではありません。本来、さまざまな考えの比較検討は、正確な論理構築のために望ましいことです。しかしその際には、書き手と他者の考え方

が、読み手にも明瞭に区別できるようにすべきなのです。

♣自説以外の他者の見解を明確にするには

　このような混乱を避けるためには、まず他者の見解を紹介する部分を、それ以外の部分から独立させる方法があります。具体的には、資料や課題文の内容を紹介する段落を、他の部分から独立させて設けることです。

　これは、実際に文章を書き出してからでは難しいので、構想の段階で、このような部分を設定しておきます。その際、この部分が実用文全体の中に占める割合にも注意しましょう。

　特に、昇進試験の場合には、こうした内容紹介の合計が、全体の３割を超えてはいけません。1,000字程度の答案であれば、段落１つか２つ分、一段落は150字程度ですから、150〜300字以内にまとめることになります。

　またこうした部分には、必ず誰の見解であるかを明示することも忘れてはなりません。そのためには、「〜によれば、……だという」といった断り書を入れるようにしてください。こうした記述で、どこからどこまでが書き手以外の考えであるのか明確にするのです。

　なお、与えられた資料が統計などのデータなら、データそのものは、なにかの意見を示すものではありませんから、わざわざ独立の段落を設けて、内容を紹介する必要はないでしょう。ただ、そのような場合でも、そのデータに文章の中で触れるときには、「図○によれば」といった断り書は、やはり必要です。

　なお、研究職なら、数千字〜数万字といった本格的な論文を書く必要もあるでしょう。この場合には、脚注によって、自他の見解を分離します。ただし、本格的な論文よりはるかに字数が少ない実用文で、注をつけるのは不適切です。なぜなら、脚注方式では、読み手は注と本文を行きつ戻りつしながら読むことになり、無用の負担を掛けるからです。

【図表78　自他の意見は区別する】

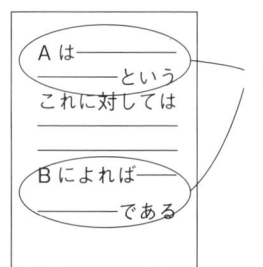

自分（書き手）以外の意見はそれとわかるようにする

Q59 1つの文が長くなるときは

Answer Point

♣ 長い文章は、主語述語の対応が混乱しやすいのです。
♣ 主語述語が1つずつの単文に分け、つなぎの言葉でつなぐようにします。

♣主語述語の対応は論旨の基準

　文章のうち、最も単純な形は、主部も述部も「1つの事柄」だけでできていて、その関係も主部—述部1つだけ、というものです。これを「単文」といいますが、慣れないうちはできるだけ単文で書くように心掛けるべきです。

　にもかかわらず、重文（「AはB、CはD」のように、単文を「、」でつなげたもの）や複文（「AがBしているのはCだ」など、主部や述部そのものが複雑な構成になっているもの）を安易に用いてしまうと、おかしな文となって失敗する可能性が高まります。

　実際、文章を書き慣れていない方がよくしてしまう失敗のうち、実際に書く段階で多いのは、重文・複文によって、一文の内容が多くなり、意味不明になることなのです。

【図表79　意味が読み取れなくなる例】

例1	課長が話したこの課題の解決には必要なことが議題に上ったのが昨日だった。
例2	あたかも目標到達となにも関係がないようにこの部署では許されない。

　例文は短いですが、実際の例では、1文が長くなっていることがほとんどです。1文が長くなれば「文の構造・論理のねじれ」が起こりやすくなります。つまり、文章の主部（主語）—述部（述語）の関係や、修飾語—被修飾語の関係を記述する際、文法的に破綻してしまうのです。

　失敗の原因は、3つあります。1つ目は、思いついたままに書こうとすることです。思いつきは、なんとなく「あいまい」になっているはずです。それを適切に整理しないまま、じかに言葉へと変換しようとすると、つい「物事の相互関係」が曖昧なままで書いてしまうのです。

　2つ目は、書いた後で読み返さないことです。もう少しいいますと、「イメー

ジ・映像」→「文章」へと変換した自分の文章を、「文章」→「イメージ・映像」へと逆変換する読み返しを行わないと失敗します。ですから、面倒でも読み返しを行い、DVDを頭の中で再生するように、「文章」＝媒体→「イメージ・映像」への変換をするべきなのです。

　3つ目は、複数の文をつないで1つの文とする際、間をつなぐ適切な言葉を選ばない、ないしは全く用いないことです。このつなぎの言葉を考えることは、長い文をいくつかの単文に区切って書く場合にも、必要なのです。

♣短く切って、つなぎの言葉を考える

　1つの文が長くなってしまう場合の基本的な対策は、主語述語がそれぞれ1つずつの単文に区切っていく方法です。実例で説明しましょう。

【図表80　1つの単文例】

> 実用文を書く際には、まず日常業務に真剣に取り組むことで集めた材料を与えられた課題に沿って整理し、全体の構成を考えた上で、書き出します。

　この文を、いくつかに切ってみましょう。例えば、図表81のように区切ることができます。

【図表81　3つの文に分ける】

> 実用文を書く上で必要なことは、日常業務に真剣に取り組むことです。次に、こうして集めた材料を、与えられた課題に沿って整理します。それから全体の構成を考えた上で、書き出します。

　こうして3つの文に分けることで、全体の字数は多少増えます。しかし、いくつかの単文に分けたほうが、内容を読み取りやすくなっていることがわかります。

　ここで特に注目していただきたいのは、「こうして」「それから」といった、前後の文をつなぐ言葉が入っていることです。

　一文が長くなるのを避けるためだからといって、単に機械的に文を区切っても、読み手に理解しやすい文章にはなりません。区切った文と文との関係を明らかにして、1つのストーリーとなるよう、結びつけなければならないのです。

　もちろん、重文や複文を全く用いてはいけないわけではありません。しかし書き慣れないうちは、一文が100字を超えるような複雑な文にするのではなく、単文に区切ってその間をつなぎ、文と文、言葉と言葉の関係が明らかになるよう、心掛けてください。

Q60 複雑なことを正確に書くには多くの言葉が必要ってホント

Answer Point

♣実用文では、簡潔に書くことが大切です。
♣不要なこと、削ってもよいことをどのように見つけるかです。

♣複雑な問題のかなめを探す

　少ない規定字数で複雑なことを書けという要求は、問題を整理し、その要点だけを論じなさいということでもあります。したがって、課題となる問題について深く考え、その根本原因を探ったり、複数ある問題の側面のうち、どれが一番重要かを見極める必要があります。

　例えば、売上増加が課題なら、新規市場開拓・商品の付加価値増大・コスト削減による値下げなど、考えられる側面は複数あります。したがって、これらの1つを選んで論じればいいのですから、数多くの言葉は必要としません。

　このように、ほとんどの問題は、よく考えることで、必ず整理して単純化することができます。それなしに「あれも、これも」論じてしまえば、読み手は書き手の主張がなにであるのかわからず、混乱するばかりです。

　この問題の根本は、1つ1つの側面について、規定字数を埋めるだけの内容を考えられなかったことに行き着きます。したがって、書くことがないという、初心者が陥りがちな問題と同様に、書く前の準備や、日頃の業務の見つめかたに問題があったことになります。

　自説をともなうすべての文章＝論文で問われているのは、普段から課題をどこまで見つめているか、そしていざ書く段になって、どこまで深く考えられたかです。書くことが不足して、内容が薄い「あれも、これも」をいくつも使った文章を書いてしまえば、この点が不十分であったことを、読み手に示してしまうのです。

　「書くことがない」と悩むうちは、まだ事前の準備は不十分です。「ありすぎて困る」に至って、ようやく優れた実用文を書くことができるのです。

♣論旨に影響しないものは、徹底的に削除する

　それを解決できたなら、次に気をつけねばならないのは、省いても文意が

変わらない記述や回りくどい表現を、徹底的に削除することです。

　まず、事実関係として間違いでないが、なくてもよい記述がないかをチェックします。しかし、書き手の意志が十分かつ正確に読み手へと届かなければなりませんから、なにがなんでも簡潔に、というわけではありません。

　このあたりの見極めは、難しいところですが、原則は、「これを省いても意味は通るか」と問いながら、下書した文を読み返していくことです。そこで、論旨に影響しないような文や語句は、積極的に削りましょう。

　特に、重要な問題であっても、読み手が既に知っていることがらは、省く対象になります。報告書などの場合、既に問題の大枠を読み手が理解しているのであれば、その説明は要りません。

　読み手も知っていることを書くのが許されるのは、自説の論証のため、あるいは論証の補足説明のためのみです。自説にも論証にも役立たない記述は、論作文の中に一切あってはなりません。

　これは、読み手を意識しながら書く、ということにつながります。例えば、直属の上司に提出する報告書であれば、所属部署の業務を誰が担当しているかなどを、こと細かに書く必要はありません。昇進試験の場合なら、全社的な方針や目標などに対して、詳しく説明する必要はありません。

♣ 細かな表現にも注意する

　その他、細かい表現に注意しましょう。複雑な問題を取り上げていると意識するせいでしょうか、「〜であることは明白だと思われる」といった表現はよくみられます。

　この例では、書き手の考え、判断は「〜である」だけですから、「ことは明白だと思われる」というのは、持って回った余計な表現です。単に、「—だ」で済む話でしょう。

　このように簡潔に述べることができるにもかかわらず、わざわざ無意味な記述を連ねるのは、無駄に字数を使うだけでなく、水増し表現として文の印象を大きく損うのです（図表82）。

【図表82　実用文に贅肉はいらない】

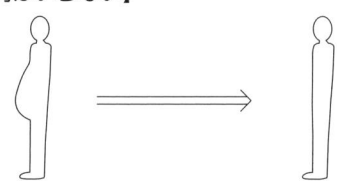

Q61 使ってはいけない言葉があるってどんなとき

Answer Point

♧使っていけないわけではありませんが、望ましくないものはあります。
♧言葉そのものではなく、その背後にある思考過程の問題になります。

♣「思う」「考える」

　日常の話や手紙・メールなどでは頻繁に使う表現なのに、実用文では使用すべきではない言葉があります。これは、実用文とはなにであり、なんのために書くのか、との目的と照らし合わせればわかります。

　昇進試験などでは、「あなたの考えを書きなさい」という出題が多いせいでしょうか、「〜と思う（考える、感じる）」という表現がよく見られます。しかし、昇進試験の論文に限らず、論文一般として「思う」「考える」という表現は、不適当なのです。

　昇進論文もまた論文ですから、書き手の自説を述べる文章です。したがって、書き手が「思う」「考える」のは当たり前です。この当たり前のことを、文中でわざわざ断わる必要はありません。

　しかも、自分の思いや考えをただ表明しただけでは、ただの感想です。なにに基づき、どう考え、いかに論証して読み手を説得するかが、実用文の評価の基準ですから、「思う」「考える」とだけ記すのは、思考が浅く実用文としては失格になってしまうのです。

　「思う」「考える」とだけ書くぐらいなら、「……だ。なぜなら……。」と書くべきです。自説には必ず論証を伴わなければならないという、論文の原則を外さないようにしてください。

♣「そして」「また」

　Q51で、文と文・段落と段落を結びつける、つなぎの言葉がどれほど重要かを説明しました。しかし、つなぎの言葉が入っているならなんでもよい、というわけではありません。

　なぜなら、つなぎの言葉でありながら、文と文・段落と段落の関係を、か

えって曖昧にしてしまう言葉があるからです。その代表が「そして」です。この言葉は、前文（前段落）の内容に対して、後文（後段落）の内容が時間的に後だ、ということしか示しません。

したがって、「そして」だけで繋がれた文章は、単に時間軸に沿って事項を並べただけであり、書き手が、視点と視点の関係をどう捉えているか、読み手には全くわからないことになります。これは仮に報告文であっても、「そして」でつなぐだけでは、問題の整理や問題点・原因の考察がないことになります。

同じように、「また」という接続詞も、前と後とが直接関係のない、独立の事象であることを示す言葉ですから、これを多用することは、関係づけのないまま、ものごとを単に並べただけということになります。

♣「など」「だろう」

特に理由もなく「等」「など」を用いれば、文章が曖昧になるばかりです。そればかりか場合によっては、責任逃れと受け取られかねません。なぜなら、書いたことに含みをもたせ、後で言い逃れるようぼかした表現だと判断されるからです。

「など」は、取り上げた事例の検討が不十分なことを示す語ですが、「だろう」は、書き手の判断、考えをぼかした表現だといえます。これも論証が不十分で、確信のもてないまま自説を表明している、と判断されます。

仮にも社会人たる者、責任感なしでは許されませんが、実用文では、責任をもって言えないことは書くべきではなく、確信をもてるまで十分考えることが必要です。

総じてここで紹介した表現は、いずれもその背後にある考え方に、問題があるといえます。すなわち、十分に考え抜かない手抜き、責任を取りたくないがゆえの言い逃れ、課題や業務を自分事とはとらえない自己中心性です。手抜き・無責任・自己中心性は、いずれも社会人失格ですが、文章は恐ろしいことに、書き手の人格を、ほぼそのまま表してしまいます。書き手がよほどの文章家ならともかく、いくらぼかしたつもりでも、こうした人格の反映は、文章のプロの目には一発でわかってしまうのです。

したがって、ここでの問題は、実用文で使ってはいけない言葉そのものではなく、それを使いたくなる思考過程のほうなのです。ですから「思う」「考える」「そして」「また」「など」「だろう」といった言葉を使うときには、ここで指摘した問題がないか、よく考えてからにしてください。

Q62 短く書くためには略語を使うのが有効ってホント

Answer Point

♧ 安易な略語の使用は、読み手への配慮を欠く行為です。
♧ 略語を使ってよい場合もありますが、断りを入れるなど慎重に対処します。

♣読み手の理解が最優先

文を書くという行為は、読み手への配慮と不可分です。「まぁ読み取ってくれるだろう」「これでわかるだろう」という態度は、厳に謹まねばなりません。

これは、くだらない精神論をいっているのではありません。いかなる読み手であろうと、配慮に欠ける文章を目にすれば、「この文は手抜きだな」と一発で見抜いてしまうからです。ビジネスの現場でも、お客様をなめきった態度で営業に出かけたら、契約が取れないのは当然でしょうし、ことによると「塩をまけ!」と相手が怒り出すではありませんか。

さらには、いくらこちらが真摯な態度である「つもり」でも、それ以上の真剣さと配慮をもたなければ、なかなか相手に自分の意図が伝わるものではありません。実用文を書くのもこれと同じです。「わかってほしい」という意志をもちながら書かないと、読み手に伝わらないのです。だからこそ、手抜き、読み手へ解釈を丸投げすること、いずれも御法度だと肝に銘じてください。

♣略語の使用は極力避ける

このような原則から考えると、短くするためとはいっても、読み手に理解できない略語を使ったのでは、本末転倒です。同様に、ある組織や仲間内だけに通用する言葉の使用も避けるべきです。

どの組織にも、その場固有の意味や表記をもつ言葉(「ジャルゴン」とか「術語」と呼びます)があります。仮に勤務先では、術語としてそのまま通用していたにせよ、文章一般の原則として、これを使用するのは不適切です。

では、文章を簡潔にまとめるためには、どうすればよいでしょうか。まず

はQ60で触れたように、不要な記述はないか、持って回った表現になっていないか、徹底的にチェックしてください。その努力をしないで、安易に略語を使用するのは、読み手への配慮を欠くというほかありません。

♣略語を使ってよいときは

　しかし、だからといってあまりに長い言葉を、1つの文章でなんども使用するのは、読み手の理解を妨げます。ですから、条件さえ満たせば、略語を使ったほうがよい場合もあります。

　まず、略語であっても読み手が十分理解している場合です。読み手が社内の人物であれば、社内で一般的に認められている略語は使用可能です。例えば、勤務先の長期目標など、正式名称ではなく略語のほうが一般的に通用している場合があります。特に、社内の公式文書である通達や社内報などで使用されているものであれば、これを使っても問題はありません。

　ただし、取引先など社外に提出する文章の場合には、安易に使ってはいけません。しかし特例として、それまでの取引先とのやりとりで、既に略語の使用が一般化しているなら、これを用いても差し支えありません。

　実際には、読み手がよく知っているかどうか、判断に迷う場合も少なくないでしょう。その場合には、略語を使いたいと思う言葉が最初に出てくる位置で、まず長くなっても正式の言葉を使い、「以下○○という」といった断り書きを入れる方法があります。

　例えば「メカニカルクリアランス」という言葉が、社内では「メカクリ」で通用しているとします。この場合「メカクリ」を最初に使うところで、「メカニカルクリアランス（以下、メカクリ）」と書けばよいのです。

　ただし、「メカニカルクリアランス」そのものも外部の方には理解できないと予想されるなら、例えば「メカニカルクリアランス（部品の間隔。以下、メカクリ）」のように書かねばなりません。

　実用文の中で使う言葉は、読み手が確実に理解できることが原則です。また、これらの言葉を組み合わせた文章そのものも、簡潔で理解しやすくなければなりません。ですから、略語を使用するかどうかは、読み手がわかるかどうかで判断してください。

　もし、読み手が理解してくれるかどうか少しでも疑問があるなら、略語を使わないことが原則です。また、文章の簡潔さを優先したいときでも、正式の言葉を1回は使用して、略語との対応関係がわかるようにしてください。

Q63 業務知識の深さを示すには専門用語を積極的に使えってホント

Answer Point

♣ 他の部署にわかるような配慮をし、専門分野の話はあくまで概略とします。
♣ 欧文やカタカナ言葉はできるだけ避け、難解なものには説明をつけます。

♣他の部署にもわかるように

　技術職の方であれば、報告書や企画書はもとより、昇進試験などでも専門分野に関して記述することになります。その際、専門分野に関わる用語をどの程度まで使用してよいか、判断に迷うことになるでしょう。
　一般的に実用文は、技術畑ではない方も読み手となります。また昇進試験なら、組織の一員としてどう考えるか、という視点が、欠かせないものとなります。したがって、技術的に詳細な記述ばかりでは、読み手は論旨を理解できないために、「うんざり」感をもつことになります。
　さらに、他部署や非技術畑の読み手もあり得る昇進試験であまりに技術的なことばかり書いたなら、組織全体でなにが重要であるかより担当する個別の業務という、ごく狭い範囲について述べることになってしまいます。これでは組織人の文章として不的確であると判断されます。
　そう判断されない的確な昇進試験の答案とは、技術的な事柄については素人にもわかるように概略だけを示し、それを組織の中でどう実行していくかについて考察したものです。すなわち、技術的な方法を簡潔に提示し、それを実行するために、どう人を動かすかが問題となるのです。

♣なにのために書くのか

　実用文の中で専門用語をどう取り扱うかは、書き手にとっての実用文とはなにか、その根幹に関わります。すなわち、「書かされるもの」と考えるか、「書くことで他者を操るもの」と考えるかです。
　「書かされるもの」と考えた場合、どのように書けばよいかの基準として目に入るのは、字数であり、提出期限であり、規定の書式です。これらさえ

満たせばよいのだと考えるなら、内容などはどうでもよい、評価は読み手が好きなように決めるだろうと書き手は考えることになります。

したがって、読み手が理解できるかどうかを考えず、専門用語を使うことになります。しかしそれなら、書いた文章への、高い評価をあきらめねばなりません。

評価するのが読み手である、これは動かしようのない事実です。しかし、読み手が評価したくなるようにする＝操ると考え、その手段を行なわないかぎり、読み手は、書き手の思うとおりに評価はしてくれません。するべきことをしないのに、「あわよくば」を期待するのは、そもそも間違っているのです。

♣たかが専門用語、されど…

人は保守的な生き物です。新しい事態に接した際、それを好意的にとらえるとは限りませんし、ましてや積極的な協力姿勢を期待するのは誤りです。

この事情は新しい技術についても同様です。技術的に新しい方法を提示すれば、反発があるのはむしろ当たり前でしょう。したがって、新しい技術を提案する作業の中には、反発する人々への説得も含まれることになりますので、少なくとも昇進試験の答案なら、テーマの中心はむしろ新技術に伴う説得になるはずです。

無論、読み手も技術者であるとわかっているなら、大いに専門用語を使ってよいのです。しかしそうでないなら、読み手にわかりやすい言葉で置き換えるなど、説明の作業を欠かすことはできません。

この本で、繰り返し読み手への配慮を説くのは、読み手を想定しない限り、読み手を操ること、つまり評価されることなどできないからです。独立の職人ですら、自分の技術を採用されたければ、読み手がわかりやすいように書くでしょう。まして組織の一員なら、読み手ばかりでなく他者への無関心は、それだけで失格とされても仕方がありません。たかが専門用語ですが、その使用にこれほど慎重になるべき理由を、おわかりいただけるでしょうか。

♣欧文の単語やカタカナ言葉は要注意

技術的な専門用語には、欧文の単語やカタカナ言葉がよくみられますが、その使用は慎重にしなくてはなりません。さらに技術用語でなくとも、日本語でいえる事柄を、わざわざ欧文やカタカナで書くのはやめましょう。

第1の理由は、日本語であれば意味の推定ができますが、欧文やカタカナ言葉では、意味するところが曖昧になり、読み手に伝わりにくくなるからです。

第2の理由は、読み手によっては、みっともない・軽薄であるという不快感を感じるからです。欧文を多用する場合、書き手自身もその具体的な意味内容を、理解していないことが多いものですが、書き手すらぼんやりとしか理解していないものは、読み手はなおさらわかりません。また書き手にとっても、欧文ですませてそれでよし、としていると、語彙を増やす訓練になりません。

　例えば、固有名詞（例：「ワシントン」「アスピリン」）や日本語として定着した言葉（例：「バス」「チェック」）など、どうしても横文字でないと表わせない言葉、横文字でないと通じにくい言葉を除いて、実用文は日本語の言葉を使って書くようにしてください。

　技術用語の場合は、どうしても欧文やカタカナ語を使わざるを得ないことがあるでしょうが、その場合も、文中で最初に使った際に、どういう意味なのか読み手に説明するようにしてください。

♣ここでも読み手の心理を見切る

　よほど語学に自信がない限り、すぐそばで同じ日本人が、外国語で流暢(りゅうちょう)にしゃべるのは不愉快なものです。逆に自分も得意な外国語を、誰かがことさらに使っている場面に出会えば、どことなくその人を軽く見るのが人のさがです。ごく普通の人々が集まっている席で、一部のオタクだけが固まって、聞こえよがしに大声で、オタク話に盛り上がっている景色を想像してみてください。

　話の内容に価値があると思うなら、「いいカッコウしやがって」と思うでしょうし、下らないと思うなら、「つまらん奴だ」と思うでしょう。いずれにせよ、その集団によい感情は抱かないわけで、ましてや評価する気にはなれません。

　実用文でことさらに、横文字や専門用語を使うのもこれと同じです。人は他人を無条件に、良く思えるような生き物ではありません。むしろ他人のあら探しが、ことのほか好きだというのが悲しい現実です。世の中には、そうでない聖人君子もいるでしょうが、実用文の読み手がそうである望みは、残念ながらほとんどないのです。

　書いた文章を評価されたいなら、どう評価するかを、読み手に丸投げしてはいけません。むしろ読み手を操るつもりで、文章に工夫をこらすことを心掛けるべきです。それができるようになって、やっと実用文は「書かされるいやなもの」ではなく、自分の、自分による、自分のための「武器」になるのです。

Q63　業務知識の深さを示すには専門用語を積極的に使えってホント

Q64 強調したい箇所では反語や体言止めなど言い回しが大切なのでは

Answer Point

♣ 反語表現は、誤解を生じますので、避けるべきです。
♣ その他体言止めなど、強調表現は不正確になりがちですから使用すべきではありません。

♣ **反語の使用は逃げとされる**

　自分の見解を強調しようとして、実用文にさまざまな修辞法（言葉の飾り方）を用いた例をよく目にします。しかし、これは多くの場合、大きな失敗につながります。その代表例は、反語表現の多用です。

　WIEで昇進試験の採点をすると、不合格となる答案にはいくつか共通する特徴がみられます。その1つに、なにかと「～ないだろうか」を使ってある文章です。このような書き方は、「～である」という表現を反語によって強調したものですが、かえって書き手の考えをわかりにくくします。

　このような反語表現は、文章全体で1、2か所、それほど重要でないところに使うのはかまいません。しかし、自説の中心となる箇所に使えば致命的です。なぜなら、実用文は原則として、「AはBである（でない）」という自説と、その論証から成り立っているからです。「ないだろうか」と疑問形で自説を止めるのは、単なる「逃げ」としか受けとられないのです（図表83）。

【図表83　反語は強調と受け取られない可能性がある】

　　〜ではないか　　読み手　　強調？疑問？自信がないのか？

　なんらかの問題に対して自説を述べることは、問いかけに対して答えることです。これが、実用文の書き手の義務なのですから、「だろうか」という疑問の形で曖昧なことを書くくらいなら、書かないほうがよいのです。

　なぜかといえば、「言えない」＝論証されていない、ということだからです。もちろん、あらゆる場合に、「AはBである」と言い切れるとは限りませんが、それならばCならどうか、Dなら言えるか、と考えるべきです。それでもな

お、Bという結論に未練があるなら、できうる限りそう言える確率を高めるべく、論証に努力しなくてはなりません。

♣新聞とは違う

「ないだろうか」が多用されるわけは、おそらく新聞の社説やコラムで多用されることにあるでしょう。文章のプロである新聞記者や論説委員が使っているのですから、「こりゃいいや」と、普通のビジネスパーソンがついつい使ってしまうのも無理はないかもしれません。

むろん、新聞社がこうした逃げを打つ理由を考えると、無理もないと理解はできます。なにかにつけて容赦のない昨今の風潮を考えると、なにかをいい切ることは危険きわまりないためです。その上、そもそも新聞社は事実関係の報道が主な役目ですので、自社の考えや見解はあくまでも「おまけ」です。したがって、特定の個人や団体から抗議を受けるような見解の表明に、慎重になるのは当然といえます。

しかし、実用文を書く皆さんはこれとは違います。言えることは言える、言えないことは言えない、はっきりさせなければ、書いた文章は無責任として、評価されません。それだけに、新聞の社説やコラムは、実用文の言い回しの手本にはならないのです。

♣体言止めもまた、論旨をわかりにくくする

反語表現ほどではありませんが、体言止めもよく目にします。

例えば、「人材開発のカギは、個人の能力向上。それは社の方針に合致。」という書き方です。

これもまた、新聞・雑誌・広告に見られる強調表現ですが、やはり実用文では使用すべきではありません。なぜなら体言止めは、文の最後に来る言葉だけを強調することになり、一文全体の主張はかえって曖昧になるからです。

ですから、実用文では、原則として「…した」「…である」のように、文を完結させねばならないと心得てください。体言止めは、事実の簡潔な伝達を目的とする、新聞では多用されますが、事実同士の関係を突き止め、自説を述べる実用文には向かないのです。

このほかにも、「AはBである」を「BなのはAだ」とする倒置法、「…と推定する」を「推定される」と書く受け身表現、その他強調表現はいろいろあります。しかし、いずれも実用文には適しません。これらの強調表現は、論旨を不明確にすることが多いので、その使用を控えるべきなのです。

Q64 強調したい箇所では反語や体言止めなど言い回しが大切なのでは

Q65 強調したい語は繰り返し使えばいいってホント

Answer Point

♣ 繰り返し表現は、代名詞や短い言葉で置き換えましょう。
♣ 繰り返しなど、言葉のいい回しで上辺を繕おうとせず、書く前の構想をきちんと立てましょう。

♣ 繰り返しによる強調も、避けるべき

反語や体言止め以外にも、重要な語句や文を繰り返すことで、自説や視点を強調しようとする文章もよく目にします。

しかし、これもまたおすすめできません。短い間隔で同じ言葉がなんども出てくるのは、文の印象を損なうからです。文章は演説ではありませんから、読んだそばから忘れることはなく、もし忘れても、読み返せばそれで済みます。そこに反復を記しても、なんの効果もありません。

簡潔であることを重視する実用文の原則からみて、同じ言葉が出てくるなら、代名詞（これ・それなど、いわゆる「こそあど」言葉）や短い言葉で置き換えましょう。さらに、本当に繰り返さなければ読み手に伝わらないのかを考え抜いて、もし省くことできるなら、省くべきなのです。

これは語句だけでなく、文でも同じことがいえます。短い間隔で同じ内容の文がなんども出てくるのは、やはり文章全体の印象を損ないます。読み手はいずれにせよ、「書くことがなくて埋め草に入れたんだな」としか判断しません。そうなれば、もし昇進試験の場合には、致命傷になってしまいます。

♣ 印象づけるのではなく説得するのが実用文

反復は、単なる好みの問題ではなく、実用文の本質にかかわる問題です。

ここまで検討したさまざまな強調のための手法は、基本的に読み手の感情や情緒に訴えるものです。これは、小説ならば有効な方法です。読み手に強い印象を与えることで、感動を呼び起こすことができるからです。しかしこれは、実用文では有効ではありません。

実用文の目的は、書き手の考え＝自説を読み手に納得してもらい同意を得ることです。したがって、実用文は、感情や情緒よりも、理性に訴えるので

あって、文学ではなく学術論文と同じなのです。それにもかかわらず、ある特定の語句や文を繰り返すことによって読み手に印象づけても、自説を納得させることには効果がありません。

逆に、ある語句や単文が強く印象に残ることで、かえって書き手の自説に対する、読み手の冷静な評価ができなくなることになります。その結果、「なんだか力んでいるようだが、結局なにを主張しているのかわからない」といった判断を下されることになります。

♣言い回しでは読み手の感情すら動かせない

もちろん、読み手の感情に無関心ではいけません。しかし、それへの配慮は、繰り返すように「読み手を見切る」ことで行うべきで、言葉の言い回しでどうにかしようとしても、無駄なのです。それよりも、読み手は誰か、なにを望むか、なにを嫌うかを見極め、それに応じるような論証を、自説に付けていくしかありません。そのためには、やはり豊富な視点と事例による論証が、なくてはならないのです。

豊富な視点と事例は、実際に文章を書き出してからの努力ではどうにもなりません。それだけにこの説得力を生むのは、普段の業務への取り組む姿勢と、文を書く前の構想なのです。

逆にいえば、こうした書く前の準備が不十分だからこそ、いざ書く段になって、言葉の言い回しで上辺を繕おうとするわけです。しかし、そんなものは書けば書くほど、読み手の不快感を増すだけであって、ますます評価を下げてしまうのです。

実際、印象を強めるための表現手法として繰り返しを使っている文章は、ほとんど目にしません。書くべきこと＝いいたいことがないにもかかわらず、無理に字数を水増ししようとして、繰り返しを使っている例がほとんどです。

いいたいことがない場合、それをすぐに生み出す方法は、この世のどこにもありません。字数に比べて内容が薄いことがらを、評価されるようにお化粧する言い回しも、どこにも存在しません。これは実用文のみならず、詩や小説などの文芸も同じで、文字に表された言葉の列の裏に、どれほど作者の地道な調査や深い情熱があるか、想像してみてください。ましてや事実を元に推論し論証する実用文で、水増しが通用するわけがないのです。

もし書く前の準備に不足があると感じる、つまり言い回しでなんとかしようとしてしまうなら、今からでも遅くはありませんから、まじめに業務と向き合い、丁寧に文の構想を立てるようにしてください。

Q66 読点（、）の打ち方は

◉. Answer Point
♧ 読点の入れ方には原則があります。
♧ 原則を押さえた上で、音読したときの感覚で、適切な位置に読点を入れます。

♣ 読点を入れる原則は

　句読点の使い方のうち、句点（。）の使い方が不適切な例は、めったに目にしません。しかし、読点（、）については、問題のある文章が少なくありません。そもそも読点とは、「意味の切れ目を示し、文章を読みやすくするための点」です。読みやすくするための道具だけに、読点は正確に使わなければ、読み手を混乱させてしまいます。

　例えば、「美しき水車小屋の娘」は、「水車小屋に居る美しい娘」という意味でしょうか、それとも「美しい水車小屋に居る娘」でしょうか。どちらの意味にも取れてしまい、このままでは書き手の意図が正確に伝わりません。読点は、このような問題を防ぐために用いるわけです。

　仮にここでは、「美しき、水車小屋の娘」とすれば、娘が美しいことになり、「美しき水車小屋の、娘」とすれば、水車小屋が美しいのだと、誰にでも理解できるようになります。

　あるいは皆さん、このような話は既にご存じかもしれません。しかし、知識として知っているのと、「使える」のとは全く別の話です。いざやってみると、読点の入れ方は簡単なようでなかなか難しいものです。やはり、なんども文章を書いて人に見せるという訓練（つまり「添削」です）を繰り返さなければ、なかなか使いこなせるようにはなりません。

　ここでも、図表に示すのは簡単な原則だけです。具体的なノウハウは、残念なことに添削でしかお教えできないのです。このことを念頭において、実用文作成に取り組んでください。

♣ 実際の読みやすさ

　ただし、ここで紹介した原則は、読点を入れてもよい箇所という意味であっ

【図表84　読点を入れる原則】

原　　則	例
① 助詞の前には原則として入れない	新宿には、山手線、中央線、埼京線が通っている。
② 主部の直後に入れる	<u>山本君は</u>、畠山君、沢田君に次いで優秀な社員である。 　主部
③ 述部を修飾する部分の、ブロックごとに入れる。ただし、最後のブロックの後と、極度に短いブロックの後には入れない	昔々、あるところに、おじいさんと、おばあさんが住んでいました。 注意：例文は各ブロックが短すぎるので、本来ここまで読点を入れる必要はない。
④ 強調したい言葉の直後に入れる	大阪は、東京と並んで経済活動の中心となる都市である。（大阪を強調） 　大阪は東京と並んで、経済活動の中心となる都市である。（東京と大阪は拮抗していることを強調） 　大阪は東京と並んで経済活動の中心となる、都市である。（経済活動の中心であることを強調）
⑤ 文の論理が変わるところで入れる	田中さんと、山田さんの娘と、息子が同行した。（同行したのは「田中さん」「山田さんの娘」「（私の）息子」）

て、必ず入れなければならない、というわけではありません。実際に文章を書きながら、読点が少なすぎる、あるいは多過ぎる、その判断によって、適当な箇所に読点を入れるようにしなければなりません。

　WIEでの添削を例に取れば、どちらかといえば読点が不足しているタイプの文章が多いようです。ここで読点不足について考えるなら、一文の中で1か所も読点がないのは、読み手に対する配慮不足といえます。ですから、よほどの短文でない限り、1つは入れておきましょう。

　その後、一度書いた文章を読点通りに、声を出して読んでみてください。実際に音読してみれば、自然に息継ぎをする箇所が、読点を記した箇所より多く出てくるでしょう。もちろん、実用文は声に出して読まれることはほとんどありませんが、それでも文字がぎっしり詰まった記述を見て、読み手は「うっ」と困惑するはずです。これだけでも、理解の妨げになります。

　逆に読点が過剰な場合も、同じく音読してみるとよいでしょう。声に出した際、一気に読み切ってしまえる程度の長さであるにもかかわらず、頻繁に読点が含まれていると読みづらくなります。

　このような文は読み手にとって、意味のまとまりや重要なポイントが読み取りにくい文章にほかなりません。特に昇進試験の答案なら、やはり書くことがなくて字数を埋めるために入れただけ、と判断されかねないのです。

Q67 カッコなどの使い方は

◎ Answer Point

♣ カッコの乱用は誤解を招くもとになります。
♣ 最低限の使用にとどめ、文意の強調は言葉で行います。

♣ カギカッコの使い方と注意点

　実用文の中には、文字以外にも記号を使う場合があります。その中で特によく使われるのが、カギカッコ（「」『』）です。これにはいくつかの用法がありますが、正しい使い方をしていないために、誤解を招く記述をよく見かけます。
　カッコの使い方には、図表85のような原則があります。

【図表85　カギカッコの使い方】

原　　則	例
① 引用を表す	「医学は、患者の生き方にも関わる」というのが筆者の見解である。
② 特殊な概念の用法をしていることを示す	厳重に注意することが、彼に対する「優しさ」である。
③ 承認していない用法を示す	これが「中華民国政府」の見解である。（日本政府が認める中国政府は、北京の「中華人民共和国」であって、台湾の「中華民国」を認めていない）

　図表85の①の用法の場合、「」の中には、原則として文＝読点（。）で終わるものが入ります。「」の中が文以外の語や句になるような場合には、「」を使う必要はありません。さらに、引用前の文を修正せずに入れますから、書き手の方で解釈したり表現を改めたりした場合には、「」を使いません。
　この他、単なる強調として「」を使用する場合もありますが、特に③と誤解される可能性がありますから、実用文の場合には、おすすめできません。
　書き手は「」を用いて強調したつもりでも、読み手のほうは、否定的な意味にとるおそれがあるからです。
　なお、「」の一種に『』（二重カギ）がありますが、これを使用する場合は、「」以上に制限されます。具体的には、図表86のような原則です。

【図表86　二重カギの使い方】

原　則	例
① 「」の中にさらに「」が来る場合、内側のものに使う	「私は、『この問題は重要だ』というなあたのお考えに賛成です」と彼は切り出した。
② 書籍・雑誌の名前などを示す場合	『草枕』は夏目漱石の作品です。

これ以外の場合には、『』ではなく「」にするべきです。

♣その他のカッコの使い方は

　欧文では「」に当たるものとして、""（コーテーションマーク）がありますが、この使い方は「」の場合と同じです。これも単に強調のために使えば、「」の場合の③の用法と同様に、誤解のリスクがありますから、使用は慎重にしましょう。

　また、（）もよく使われる記号です。これは、カギカッコやコーテーションマークとは用法が異なります。（）は、言い換えや短い補足説明をする際に使用します。本書の中でも、この原則で使用していますので、ご理解いただけると思います。

　ただ、（）には、それが挿入されることで、前後の文の流れ、ストーリーを断ち切ってしまいます。したがって、これを多用すると、個々の語句に対する説明は充実しますが、文全体の内容は読み取りにくくなります。

　ですから（）に書きたい事柄は、できる限り（）の外に出して、使わずに済むよう工夫しましょう。とくに、（）の中に長い文章を入れることは避けましょう。

　本来カッコ記号は、正しい用法で用いれば、書き手の意図を読み手に伝えるための便利な道具になります。しかし、用法を誤ったり濫用したりすると、文の印象や理解を大幅に損なうことを覚えておいてください。

　とくに、特定の言葉を強調しようとしてカッコを使っても、読み手は煩わしさを感じるだけです。

　もし強調したいなら、その言葉に対する十分な論証や説明を行うことが、文章本来の書き方であることを忘れないでください。

　ここでは、正しい用法の原則を示しましたが、具体的にどう使うかは、用例をたくさん見ることで身につけることができます。そのためには、日常的な読書も大切です。本や雑誌を読む際に、カッコがどのように使われているか、意識して読むようにするとよいでしょう。

Q68 文字はきれいに書かなければならないってなぜ

Answer Point

♣読みにくい文字は、読み手の心証を悪くするだけでなく、減点の対象になります。
♣下書の時間がない試験のときには、1段落ごとに見直しをします。

♣昇進試験では手書が主流

現在では、ほとんどの文章が、ワープロで作成されています。実用文はもとより、日常的な連絡もEメールなどで済むことが多くなっています。

しかし、昇進試験では、まだ手書が中心です。今回は、手書で書く場合の文字の丁寧さについて、考えてみましょう。

粗雑な文字は、読み手の立場になって考えてみれば、避けて当然のことです。

昇進試験の場合、読み手＝採点者は、大量の答案を限られた短い時間で読み、さらに評価しなくてはなりません。これは、相当に精神的な負担がかかります。

そのような状況下で、読みにくい文字で記された答案に対して、読み手はどう思うでしょうか。ほぼ間違いなく、悪い印象をもつことでしょう。したがって、内容がいくら優れていようとも、そのできばえどおりには、評価してくれないことになります。これは書き手にとって、非常に損だというほかありません。

そもそも、気配りが必要とされるのは、日常の立ち居振る舞いに限りません。実用文も人と人とのコミュニケーションに他ならない以上、気をつけて話さねばならないのと同様、気をつけて書かねばならないのです。

聞き手にこちらの希望を受け入れてほしければ、通じるように話そうと誰でも工夫します。しかし文章はいったん渡してしまえば、それが評価される場面を目にできないためか、丁寧さをおろそかにする例を見かけます。

粗暴な言葉を受け入れる人がほとんどいないように、乱雑な文字が受け入れられることはありません。やはり文字は、丁寧に書かねばならないのです。

♣粗雑な文字は誤解の原因になる

さらに粗雑な文字は、内容そのものの評価も下げます。というのは、正し

く画がつながっていないとか、はねるべきをはねず、真っ直ぐに書くべきを書かない文字は、別の文字・正しい形を知らない文字と判定され、減点の対象になるからです。

　場合によっては、こうした誤字によって、一部の単語を、書き手の意図しない別の単語と捉えられ、全く文意が変わってしまう恐れすらあります。むろん、単に文字の誤記による減点は、さほど大きくありません。しかし、内容に対する減点は、合否に関わる致命的なものになります。

　したがって、手書答案の文字は、形が正しくなければならないことはもちろん、マスからはみ出たり、不適切な大きさだったりしてはならないのです。

　ただし、これはいわゆる達筆で書けということを意味しません。もちろん、美しい文字で書ければそれにこしたことはありませんが、限られた時間の中で、その余裕はないでしょう。ですから、せめて、丁寧に書き記すことを心掛けなければなりません。

♣丁寧に書く時間をどう確保するか

　誤字を避け、読みやすい文字で書くためには、当然時間がかかります。理想的には、いったん文章を完成させてから清書をするのであれば、このための時間を取ることができます。しかし、通常の実用文ならともかく、制限時間のある昇進試験では、清書する時間は、まずありません。

　では、どうすればよいのでしょうか。その答えは、答案の構想がまとまったら、それをもとに、直接解答用紙に答案を書き出すことです。ここで、多少時間が掛かっても、誤字や脱字がないよう、また読みやすい文字になるよう、丁寧に書いていきます。

　そして、1段落を書き終えたところで、間違いがないか、見直すことです。全体を書き終えてから、大きな間違いに気がつくと、修正が大変です。場合によっては、答案全体を書き直すことになります。それに対して、1段落ずつの見直しであれば、修正する範囲が限定されますので、効率的に書き進めることができます。

　さらにこの方法は、文字の丁寧さだけではなく、制限字数を厳守する上でも有効です。構想の段階で字数の目安をつけてから書き出せば、1段落を書き終えるごとに、最初の目安と大きくずれていないか確認できます。

　もし字数が多すぎるようなら、取り上げる視点や事例をさらに絞るなどの方法で対応できます。逆に字数が少なくなるようなら、構想の段階で割愛した視点や事例を取り上げればよいのです。

書き進める上でのチェックポイント

　この第6章では、書きながら注意すべきことについて説明してきましたが、そのすべては、書く前の準備が十分であることが前提です。つまり、この章はいわゆる文章術の中心となることがらでありながら、それだけで優れた実用文、もっといえばあらゆる文章を書ききることはできません。

　文章術を、知識・語彙の蓄え方や言葉の用い方や原稿用紙の使い方にすぎないと考えるのが、いかに大きな誤解であるか、ここまで読み進めてきた皆さんにはおわかりでしょう。

　その理由を突き詰めていうなら、語りたいことがない文章は文章ではなく、ないものをあるように見せかけるのは不可能だからです。

　それを理解した上で、いざ書き進める上でのチェックポイントを、ここでまとめておきましょう。

【書き進める上でのチェックポイント】

□書式・規則を守っているか。	規則を外せば失格です。
□たとえ1字でも簡潔な表現を心がけたか。	文章の評価を決めるのは言葉の量ではなく内容の濃さです。
□自説は自分で立てたものか？　論証は独自のものか。	借り物の意見を無断で使っても、必ず発覚します。
□無理に背伸びした表現を使っていないか。	慣れない言い回しを使うと失敗するリスクが高まります。
□専門用語や目新しい言葉をことさらに使っていないか。	読み手の反発や失笑を買う効果しかありません。
□「ないだろうか」を使っていないか。	書き手の仕事は答えることであって、問うことではありません。
□主張の中で逃げを打っていないか。	書き手に確信がなければ、読み手は納得しません。
□すべての言葉を、読み手はわかるか。	わからない言葉に感心する読み手はいません。
□平易な表現を心がけたか。	実用文は広告コピーではありません。
□文字は丁寧に記したか。	最終的には、実用文は読み手を説得する書き手のための道具です。

7 例題に挑戦してみよう

　実際の昇進試験問題を例にとり、この設問からどのようによい答案を書いていくのか、完成までの流れを解説します。
　よい答案・悪い答案の例を読んで、設問から合格答案を作成する手順を学びましょう。

Q69 事実を正確に、しかも面識のない人にも理解できる文章の書き方は

Answer Point

♣ 読み手に納得してもらうためには、論理が大切です。
♣ 正しい論理のためには、事実を正確に認識し、その相互関係を明確にすることが基本です。
♣ 報告文の場合にも、論理は必要になります。

♣論理に沿った整理の重要性

　ここからは、実際に実用文を書く場面を想定して、その書き方を説明していきましょう。最初に取り上げるのは、報告書など事実関係を正確に説明する文章です。

　この場合、特に書き手の自説はないように見えますが、そうでないことはここまで説明したとおりです。つまり、さまざまな事実からなにを重要ととらえ、文中で取り上げるかは、書き手に任された自説にほかなりません。

　ここで紹介する図表87の例題1は、昇進試験でよく出題されたものを材料にして、作成したものです。皆さんも、実際に答案を書くつもりで、一緒に考えながら解説をお読みください。

【図表87　例題1】

> これまでのあなたの業務の中でどのようなことがあったか、それが今どのようになっているか、新たに配属された新入社員への案内文として、1,000字〜1,200字で説明してください。

♣今回の文章を書く目的

　実用文に必要な論理の第1歩は、「対象はどのようなものか」を認識し、解釈することです。その理由は、対象を知らない、または理解不足であれば、有効な対策など立てようもなかったり、立てた対策が有効でなかったりするからです。

　それだけに、書き手の自説を読み手に納得し、同意してもらうためには、まず記述対象の正確な認識が前提になります。

　今回の課題では、この「対象」を、「あなたの業務」＝書き手の担当業務

としています。とはいえ、あくまでも会社の一員として新入社員に働いてもらうための文章ですから、皆さんの会社・所属部署について、大まかに説明することも必要です。

次に、論理の第2歩は、「AとBとの関係はどのようなものか」を整理し、把握することです。その理由は、皆さんが日常接しているすべてのものごとは孤立しておらず、必ずほかのものごとと関係をもっているからです。

今皆さんが取り組んでいる業務はさまざまでしょう。同じ営業の方でも、取引先が法人か個人かで、ずいぶん様子が違ってきます。また、社外との接触が少ない人事・経理の場合でも、それぞれの所属によって業務は大きく違うでしょう。しかし、業務は、皆さん個人だけの働きで成り立つものではなく、社内であれ社外であれ、他者との関係の中で進められてきたはずです。

したがって、今回の課題で目指す到達点は、これまで皆さんと他者の間にどのような交渉があったか、その流れを振り返り、そのどこに現在の成功、あるいは失敗の原因があったか、事情を知らない新人にも、容易に把握できるように述べることです。

交渉の流れは、非常に重要です。なぜなら、1つの結果をもたらした原因は、1つの出来事だけでは決してないからです。したがって、現在を考えるにも過去を考えるにも、これまでの交渉の流れを丁寧に思い出し、整理することで、書こうとする文章の説得力を増すための材料が、豊富に見つかるのです。

♣最初の作業

さて、今回の課題で目指す到達点は、皆さんが書いたこの文書を読むだけで、これまで皆さんの会社と全く接触がなかった新入社員でも、容易に社の事業内容・担当する業務内容を理解し、皆さんの同僚として働けるようになることです。

はじめに、対象＝「皆さんの業務」について思いつくこと、思い出すことを、下書用紙に箇条書にして、できるだけたくさんあげてください。あげることができた事柄の数は、とりもなおさず、どれだけ対象をよく観察してきたかの程度を示すものにほかなりません。

1つの対象を認識する際、それを見つめる視点の数が多ければ多いほど、対象の姿はよりはっきりと、正確になります。これはちょうど、普段の感覚では地球は「平面」としか思えませんが、宇宙から見れば「球」であることがわかるのと同じです。この場合、あげた事柄のそれぞれは、対象を見つめる「視点」ということになります。

視点を考え出す1つの方法は、「大から小へ」というものでした（Q46）。まず、皆さんの会社の業種は、なにかを考えてみましょう。その中で皆さんの会社は、どのような位置にあり、どのような特徴をもっているのでしょうか。そしてその会社の中で、皆さんの所属部署はどのような役割を担っており、さらに皆さんは部署の中で、どのような役割を担っているのでしょうか。

♣視点を時間軸に沿って並べる

思いつく限りの視点をあげ終わったら、次にそれぞれをさらに詳しく補足してください。例えば、「自社は〇〇を取り扱っている」のであれば、その商品の国内需要はどれほどか、商品の特性から見て、購買層はどのようなところかなど、さまざまな補足が可能でしょう。ここまでの作業によって、「自分の業務」として書くべき材料が出揃うことになります。

次に、過去から現在まで時間軸に沿って、「自分（または自社）と対象との間で、どのようなことがあったか」について思い出すことを、下書用紙に箇条書きにして、できるだけたくさんあげてください。

ここでいう「対象」とは、社外の取引先、あるいは自分の担当している社内の業務、いずれでも結構です。営業の方は、得意先について考えてもいいですし、内勤主体の方は、自分が担当業務に対してどのように取り組んできたかを、振り返ってください。

その作業で特に重要なのは、「過去はこうであった、今はこうなっている」という、過去と現在の状況を、はっきりとイメージできる＝突き詰めて言葉に変換していくことです。これによって「どのようなことがあったか、それが今どうなっているか」の材料を、自他共にわかるよう整理することになります。

♣現状へのターニングポイントを見つける

しかし、これだけではまだ一貫した流れは明示できません。最後の作業は、時間に沿って並べたこれまでの出来事の、どの時点でもっとも大きな変化があったかを見つけることです。これは言い換えると、業務が現状のようになった原因が、どこにあったのかを探る作業です。

もちろん、あげた出来事同士の前後を比べれば、多かれ少なかれ変化があります。しかし、今の結果を生み出した、もっとも大きな変化はなにかを追っていくと、それぞれの変化の中に優劣をつけることができるでしょう。場合によっては、1つの決定的な出来事が、現状を生み出すきっかけになったこ

とに気がつくかもしれません。

　もちろん、出来事同士の因果関係は、必ずしも一対一対応、つまりある特定のものごとが、他のものごとに影響されないまま、特定の結果を生んだわけではありませんから、現在の状況をつくり上げた原因を、1つに絞り込むのは難しいことです。

　しかし、状況を整理するためには、どの出来事がターニングポイントになったかを見極める必要があります。なぜなら、ものごとの原因を他者に説明する際、原因となるであろうさまざまな生データを多数渡すよりも、「これが決定打でした」と単純化して説明するほうが、読み手や聞き手にとってわかりやすいからです。

♣ターニングポイントの理由を考える

　ただし、ここでも気をつけていただきたいことは、さまざまな変化のうちから、なぜこの1つをターニングポイントとして選び出したかの理由を、はっきりさせておかなくてはならないということです。

　その理由は、他者に理解してもらうためなのですが、これに加えて、これがターニングポイントだったと主張する、これこそが「自説」を立てることになるからです。

　よく、実用文を書く際に「自説が立てられない」とお悩みの方がおいでですが、自説とはなにも、誰も聞いたことのない全く新しい考えである必要はありません。未整理の情報を取捨選択すること、それそのものが、すでに自分独自の考えに従った作業なのですから、ここですでに自説は生まれているといっていいのです。ただ、その理由や論拠を突き詰めて考え、明確にしないからこそ、自説が自説にならなくなるのです。

♣書くべき内容を整理する

　さて、以上の作業を踏まえて、今回の課題で書くべき内容とは、図表88の3点です。

【図表88　課題で書くべき内容】

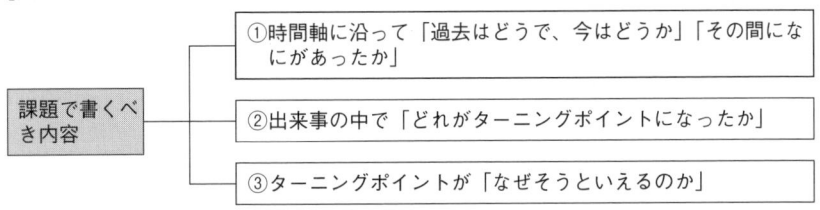

課題で書くべき内容	
①	時間軸に沿って「過去はどうで、今はどうか」「その間になにがあったか」
②	出来事の中で「どれがターニングポイントになったか」
③	ターニングポイントが「なぜそうといえるのか」

Q69 事実を正確に、しかも面識のない人にも理解できる文章の書き方は

なお、業務における他者との関係がはじめからうまくいっている、あるいははじめからとりつく島もなくどうしようもない、という場合もあり得るでしょう。しかしその場合にも、これまでの経緯を整理して、自分なりの見解を明らかにしておくことは大いに有効です。

　つまり、うまくいっている「そうなった理由」と「うまくいっている現在の関係を壊さないためには、なにをしてはならない／なにをしなくてはならないか」を、うまくいっていなくても、「そうなった理由」そして「うまくいかない現在の関係を改善するためには、なにをしてはならない／なにをしなくてはならないか」を把握しておくことです。加えてこれらの場合にも、やはり「自分がそのように把握し主張する理由」を明らかにし、答案に述べなくてはなりません。

　以下、この例題に対する答案を成功例と失敗例をそれぞれ示します。ここまでに述べた作業方針から、どのようにして具体的な答案を書けばよいかをみてみましょう。

【図表89　答案例1】

　昨年度、我が社では機構改革があり、私の業務でも予算編成と営業目標の面で大きな変化があった。
　まず、予算の面では、従来であれば、売上や収益の予算は、社長が大枠の目標数値を策定した上で、それを総務部が各部門に割り振る。その際総務部から、具体的な各部門の目標数値が提示されていた。それに対して各部門は、その目標をどこまで実現できるか、過去実績や各現場で積み上げた受注・売上見込を元に検討し、達成可能な予算を立て総務部に提示する。総務部は、各部門から上がってくるこれらの予算を集計する。しかし、各部門の提示する予算を集計しても、当初の要請された目標より低いことが多かった。そのため総務部が、その不足分をどこかの部門に補ってもらうための調整案を考え、それをまた数値目標として各部門に要請していた。この調整案に対しては、各部門から再調整をしてもらう余地はほとんどなく、半強制的なものであった。
　これが、平成○年にグループ利益×円を目指すという経営目標が確定してからは、大きく変わった。経営会議を中心に、機構改革が進められた。この機構改革により、仕組みが変わったのである。新たに設置された経営会議で決定された予算が、総務部の調整を経ずに各部門に達せられた。
　過去の実績を無視した予算が、各部門に対して経営会議から社長名で指示された背景には、目標実現のため、実績とは別に現場の努力を要請するため、また組織の編成が大きく変わり、新たに再編成でできた新部門では、前年比較で予算を作成することができなくなったためである。
　これにより、予算の大枠は既に部門に割り振られ決定されているので、予算編成がかなり簡略化された。しかし、各部門では、割り当てられた予算の大枠をいかにして具体的に達成するかで、大変なことになった。このための議論や資料作成のために、連日残業が続いた。今後はまたきちんとした予算編成が行われると聞いている。

営業目標の作成も、機構改革の影響があった。機構改革の直後、営業本部主体で、従来の複数の営業部を統合した新しい営業部にも統一目標を設定しようという動きがあった。しかし、機構改革に伴ういろいろな混乱と、各営業部がこれまでに培ってきた目標設定のしかたがあり、一応検討会は開かれたものの、結局まとまらず、この件は立ち消えとなった。個人的には、現場の実情を無視した目標策定の方法を持ち込まれなくて、よかったと思っている。
　ただ、それでも問題がいくつか発生した。それは私が担当する□□は、対官庁と対民間企業の２つで大きく営業方針が異なるからである。これはもともとそれぞれを対象としていた２つの部門が一緒になってできた部門であったためである。さんざん議論したあげく、官庁に対する営業は私が従来から担当していた方法で目標が作成された。対民間では、多少対官庁の考え方を取り入れたものの、基本的にはやはり従来の方法で目標を設定することになった。

【図表90　答案例２】

　我が社は、Ｘ分野を主力商品とするメーカーである。その中で、私の所属するＹ営業部では、主として□□の営業をしており、官庁を含む法人と契約をすることが主な業務である。昨年の機構改革により、Ｙ営業部でも予算作成と営業方針の２つの面で変化が生じた。
　従来の予算作成では、社長名で大枠の目標数値が提示されると、総務部が各部門別の目標値を設定し、各部門に指示した。各部門はそれを受け、実績を基礎に実現可能な数値を、予算として総務部に提示した。このとき、各部門から出された数値を集計しただけでは、大枠の目標を達成できないことが多かった。そこで総務部では、各部門に再度調整した数値を提示し、これを最終決定としていた。この数値は、強制的ではあったが、決定の方法そのものには、各部門の実態が反映されていた。
　しかし、平成○年度に利益×円を達成するというグループ目標が制定され、機構改革が行われた昨年から、予算編成が大きく変化した。なぜなら目標を達成するには、従来の業務方針を継続していては不可能だという、経営陣の認識があったためである。また、組織改革で新設された部署では、今までの実績からでは、予算を作成できないという事情もある。
　これを受けて昨年の予算編成では、総務部の調整がなくなり、経営会議で作成された目標数値が、直接Ｙ営業部に提示されるようになった。このため、実績ベースで予算を策定するのではなく、与えられた目標数値を達成するための予算編成になった。しかも、実績より大幅に高い数値目標が出されるため、新分野の開拓も、予算作成の際に検討しなければならなくなった。
　当初は、営業部門全体で予算編成の方針を決めるという案もあったが、これは実現しなかった。そのためＹ営業部でも、独自に予算編成に取り組んだ。これには時間がかかったが、新分野の開拓など、従来にはない視点で検討できた。それゆえ今年度からは、この経験を踏まえ、予算編成の時間が短縮できるとともに、新規提案が増えるなど、より充実した内容になり得る。
　営業目標の立て方も、この機構改革によって大きく変わった。１つは、予算目標が厳しいため、新規の営業企画を考えざるを得なくなったためである。例えばＹ営業部でも、主力商品である□□に、Ｚというサービス付加するといった、新規の提案があった。また、従来ほとんど実績のないＶ方面にも、営業担当者を置くべきだという提案もあった。さらに、従来官庁と民間企業というお客様別に組織されていた営業部門が統合されたことで、営業目標の立て方も変わった。

> 官庁向けは、提示された仕様の中でコストを下げることが課題だが、民間企業向けでは、新機能の提案など、価格以外での交渉の余地が大きい。
> 　ただし、現在では、両者の考え方を統一することはせず、民間向けでもさらに低コスト化に留意するというだけにとどまった。ゆえに今後は、両者の考え方のよい点を取り入れなければならない。

♣答案例1と2の比較

　ほとんど同じ問題を同じ視点で議論しているのですが、ずいぶん違う印象をもたれたと思います。

　答案例1（図表89）では、まず設問の要求している「あなたの業務」が不明確なまま、議論が進められています。これでは、読み手は具体的なイメージが全くわきません。これに対して、答案例2では、冒頭で書き手の所属する部署の特徴が、企業全体の説明とともに書かれています。

　また、答案例1では、「大変」「きちんと」「よかった」といったいわば書き手による感想が述べられているだけで、その論拠が示されていません。この点でも、答案例2（図表90）に比べて、読み手の納得や同意が得にくくなっています。加えて、視点を説明する適切な事例がないために、実際にどのような変化が起きたのかがわかりにくくなっています。

　それに対して、答案例2では、こうした問題が解決しているだけではなく、同じような内容の重複も減っています。国語表現などの細かい点を除いても、答案例2のほうが優れたものであると、ご理解いただけるでしょう。

　結局、このような大きな差が出たのは、次のような点が原因です。それは、
(1)　設問で問われていることに正確に対応する
(2)　自分の判断には必ず論拠を示す
といった基本を守るかどうかです。

　例題1は、(1)の点でも不十分でしたが、特に(2)の点で致命的な失敗をしています。論拠となる事例がないまま、単に書き手の判断や、感想があげられているだけなのです。

　確かに、この答案は変化の報告が主であって、なにかの提案となる自説はありません。しかし、「変化した」という判断は存在します。この判断は自説にほかならず、これを読み手に納得してもらうためには、やはり論拠を伴う論証が必要です。

　そのためには、正確な事実の知識と、それに対する関係づけが必要になります。この両者は、ともに日常業務にまじめに取り組んでいれば、誰でも手に入れられるものですが、それを正しく答案に反映させることも、必要なのです。

Q70 報告だけではなく提案や企画を含む文章の書き方は

Answer Point

♣提案・企画もまた、正確な現状認識が前提になります。
♣企画や提案では、実現性をさまざまに検討します。
♣提案者がなにをするか、その権限の範囲と併せて正確に書きます。

♣もっとも一般的な昇進試験の出題

　Q69の例題と同じタイプの昇進試験もありますが、もっとも一般的な出題は、単に過去について報告させるのではなく、今後どうするかという、将来に対する提案や企画を含むものです。

　今回は、このタイプの昇進試験を例題2（図表91）として取り上げています。

　ただ、この提案や企画は、書き手の立場によって大きく異なります。例えば、昇進後も特に部下を配置されない場合には、書き手自身がどう行動するかという個人的な行動の提案になります。

　それに対して、書き手が管理職なら、部下に対してどのような行動させるかまで、提案する必要があります。それだけに、同一の問題であっても、さまざまなレベルの試験に使えますので、このタイプの出題が昇進試験には多いのです。

　このような問いに答えるにあたって、ただ漫然と記述を重ねると、たいていはとりとめのない話に終始する、つまり答えるべきことが絞られず、論旨が曖昧になるか、または書くべきことがなく、回りくどいいい方をしてなんとか字数を埋めようとすることにより、読み手をうんざりさせることになってしまいます。

　そうではない答案とはなにかを求めて、本書をお読みいただいてきたわけですから、皆さんには、すでに「なにを、どう書くか」を、たとえおぼろげながらでも、理解していただいたと思います。

　昇進試験の定番である「これまではどうで、今後はどうするか」との課題に、適切な答案が書けるなら、みなさんは本書を十分にご理解いただけたことになります。

♣書く前に情報を集める

　この例題で答案を作成する作業は、実用文を実際に書く作業と同じです。さらに昇進試験で、制限時間の中で合格できる答案を書くための練習にもなるはずです。その前提は、業務とまともに向き合い、情報を集めることです。

　一般的にいって、述べるべき対象について10を答えようとすれば、100とはいわないまでも、せめて50をあらかじめ知っていなければ、「なんでも聞いてください」とはいえないものです。

　実用文もこれと同じで、答えるべき10に対し10の知識しかもっていなければ、読み手が読みたくもない事柄を含め全部を出して、なんとか量を10にするしかありません。

　だからこそ、読み手がうんざりする文章になるわけですが、ここからまさに、多くのストックの中から適切な事柄だけを取り出して、語るべきものだけを語る大切さがわかるのです。

　そのため、作業過程を詳しく説明することにしました。例題1（図表87）同様、今回も実際に答案を作成するつもりで読み進めてください。

【図表91　例題2】

> 　これまでのあなたの業務を振り返り、今後1年、自分がどうすべきか、1,000字〜1,200字で説明してください。

♣ポイント1/課題を分析する

　「これまではどうで、今後はどうするか」という問いは、たいそう曖昧で、つかみ所がありません。だからこそ、なにも考えないで書き出すと、先に書いたような2つの「不出来な答案」のパターンに陥ってしまいます。

　では、曖昧な問いを論理的に処理するには、どうすればいいのでしょうか。

　それは、「分けて考える」こと、すなわち「問いを分割すること」と、「問いを単純化すること」です。

　「問いを分割する」とは、問いが問うていることを「場合分け」することにほかなりません。今回の場合、問われていることは大きく分けて2つ、「これまでどうだったか」と、「これからどうするか」です。

　次に、「問いの単純化」とはなにでしょうか。それは、「問いがなにを求めているか」を、最も単純な形で、問いそのものから切り出すことです。

　では、ここでいう「最も単純な形」とはなにかといえば、皆さんもどこかで聞いたことがあるであろう、文の「5W1H」です。すなわち、「誰が（Who）」「いつ（When）」「なぜ（Why）」「どこで（Where）」「なにを・どうした（ど

うする）(What)」「どのように (How)」との問いに答えることです。

　したがって、先に分けた2つ「これまでどうだったか」と「これからどうするか」について、「5W1H」を答えればそれでOK、となります。

♣ポイント2／「これまで」の主役を考える

　では、この「5W1H」を、「これまでどうだったか」について、1つずつ明らかにしていきましょう。

　まず、この中で一番重要なのは、「誰が」であることはいうまでもありません。なぜなら主語のない文があり得ないように、動作の主体が誰であるかがわからなければ、読み手はもちろんわからず、書き手も書きようがないからです。

　これに対して、「…なんだ、そんなの自分と取引先（または上司・同僚）に決まっているじゃないか」とお考えかもしれませんが、果してそうでしょうか。例題1の答案例1のように、「誰が」なにをしたのか、文中で明らかにしなかった、あるいはころころとそれが入れ変わった、という文章は少なくありません。道草文になってしまう原因の第1は、この「誰か」が明らかでないことにあります。ですから、わかっているつもりでも、「誰」を突き詰める作業は欠かせません。

♣ポイント3／「これまで」の出来事を関係として捉える

　こうして、「5W1H」のうち「誰」がここではっきりしたわけです。特にポイント2でみたように、この場合「誰」とは書き手だけではなく、業務の上で関係のある他者（取引先、または上司・同僚など）の2つあることに注目してください。

　ここは重要で、文にたとえるなら、主語は2つになることです。したがって、「自分と取引先（または上司・同僚）」が、「なにをしたか」、すなわち両者の間でどのような「交渉」があったのか、これが「5W1H」のうち「なにを・どうした」に当たります。

　ということは、どちらか一方がなにかをしてそれでオシマイ、というのではなく、一方のしたこと・あったことは、必ずもう一方に影響を与え、お互いの関係が変わったことを意味します。

　今回の例題2（図表91）のみならず、報告文や口頭で行う日々の業務報告でさえ、「今日○○しました」とだけ話したら、それが報告にはならないのは、皆さん重々ご存じかと思います。「○○して、その結果どうなったか、あるいはどうなることを予想・希望しているのか」までを述べないと、ビジネス

パーソンとして失格でしょう。
　すなわち報告者の行動だけではなく、それに対する相手側の反応まで報告しなければなりません。これは、ものごとを整理して述べるはずの実用文では、なおさらです。

♣ポイント4／「これまで」を時間軸で整理し述べる
　では、この両者の関係＝「なにを・どうした（どうなった）」を、どのように整理すれば、書きやすく、また読みやすくなるのでしょうか。
　それがQ69などでも紹介した、時間軸による整理でした。これがすなわち、「5W1H」のうち「いつ」にほかなりません。
　実用文という舞台の上に立つ「自分と取引先（または上司・同僚）」が、「どのような交渉を経てきたか」を、過去から時間に沿って述べていく、これが「これまでどうだったか」を整理して述べることになるのです。

♣ポイント5／「これまで」と「これから」の間をつなぐ
　さて、これで「これまでどうだったか」は明らかとなりました。これに引き続き、「これからどうするか」を述べていくのですが、それは「これまで」の反省に立った「これから」でなくてはなりません。
　その理由の1つ目は、そもそも「これまで」を踏まえない「これから」は、ほとんどの場合現実離れした空想になりがちであることです。いくら急ぐことが目的だからといって、泥田の中からバイクをぶっ飛ばそうというような「これから」が、うまくいくわけがありません。
　そうではなく、まずはゴム長を履くとか、カンジキを履き物に付けるとか、現実的な手を考える必要がある、言い換えると、現実を踏まえなければ理屈が通らないからなのです。
　今1つの理由は、文章の構成上の理由です。Q50などで文と文、段落と段落のつながりの重要性を述べましたが、前の部分と関連づけない記述を、いきなり書き出したのでは、読み手は混乱します。したがって、今回の「これから」も、「これまで」と適切に関連づけられていなくてはならないのです。
　今述べた2つの理由は、実はコインの裏表をなすものです。理屈が通らないから文のつながりが悪いと受け取られ、文のつながりが悪いから、考え出した「これから」が、理屈に合わないのです。この2つが分かちがたいことからわかるように、実に文章を書くとは、考えることにほかなりません。考えがいい加減なまま文章を書くからこそ、文章のできが悪くなるわけです。

♣ポイント6/「これまで」の原因を明らかにする

　これを防ぐために、「これまで」を十分に踏まえて、「これから」を考えましょう。したがって、「これから」を述べる前に、まず、「これまで」の問題点を整理し、簡潔に述べなくてはなりません。これは、絶対に省かないでください。そしてその対策となる「これから」とは、「これまで」であげた問題の1つ1つを、解決するための対策であるはずです。

　さて、それを考えるにあたって役立つのが、「5W1H」のうち「なぜ」と「どこ」です。というのは、問題が「なぜ」発生したのかがわからなければ、対策など立てようもないからです。また、問題が「どこで」、すなわちどのような状況で起こったのかがわかれば、その状況を変えるか、あるいは変わる見込みがあれば、自ずから解決の道が見えるでしょう。

　今「どこで」＝「問題の起こった状況」といいましたが、このように「どこ」とは、なにも場所だけを指すのではありません。およそものごとが起こった背景、例えば法的規制とか、自社・競合他社・取引先の規模とか、こうした事柄はすべてものごとの発生した「場」です。その「場」がどうであったか、これが「どこ」の問うている内容なのです。

♣ポイント7/「これまで」の問題解決として「これから」を考える

　こうして、「これまで」から導き出した「問題」と「原因」が、明らかになりました。したがって、「これから」＝「対策」とは、「原因」を取り除くための方法か、あるいは「原因」が変化するきざしをとらえ、それがうまく「原因」を取り除いてくれるような働きかけか、どちらかであるはずです。これらは言い換えれば、能動的な「対策」と、受動的な「対策」といっていいでしょう。

　能動的な「対策」とはなんでしょう。そもそも「原因」を取り除くには、それだけの力が皆さんになければなりません。皆さんおよび御社が持つ力を知り、それを最大限に発揮する方法を考え、原因を取り除く手立てを考える、これが「これから」の1つの柱です。

　もう1つの柱は、受動的な「対策」、すなわち状況の変化をうまく利用することです。御社も競合他社も取引先も、上司・同僚も、いつまでも今のままであることはあり得ません。その上、社会の状況や経済動向や規制法令なども、刻一刻と変わるはずです。

　こうした変化の中には、問題を悪化させるか、あるいは新たな問題を生み出すおそれがあるものもあるでしょうが、同時に問題を解決し、皆さんにとっ

て有利な状況を生み出すものもあるはずです。それを活用するためには、状況の受け手である皆さんはなにをすべきか、これが受動的な「対策」です。

ただし、ここで、課題の要求である「今後1年」に注意してください。遠い将来の技術開発や社会状況の変化を見通すことは大切ですが、「○○という環境が整ったらやりましょう」＝「それまではなにもしない」という思考は、企業にとって意味のあるものではなく、したがって組織の一員たる皆さんが、実用文で表明すべきことではありません。

仮に遠い将来を見通すにしても、その計画の一部として「今後1年」を考え、そこに実用文の論点を絞らなくてはならないのです。

♣ポイント8／「これから」の前提となる状況を把握しておく

いま、「対策」を能動と受動に分けましたが、これはどちらか片方だけ、ということはないはずです。なぜなら、能動的な対策が有効に働くためには、必ず状況を味方につける、すなわち受動的な対策が必要だからです。

わかりやすく極端な例をいえば、いくらよい手だてを考え出したにせよ、日本経済が破綻してしまえば、それらのほとんどは無効でしょう。もちろん皆さんにとって、このような経済の大前提を覆すような状況の想定と、その対策を練る必要はありませんが、それでも皆さんにかかわる個々の状況がどうなっていくか、見極めておくことは必要です。

つまり、皆さん＝御社、取引先、競合他社、上司・同僚、そして関連する経済状況や法令がどう変わっていくかを予想し、その前提で能動的な対策を立て、それを成功させるためのお膳立てとして、あり得べき受動的な対策を予想しておくのです。これを「これから」の「5W1H」として述べてみましょう。

この場合、「誰が（誰と）」「どのように」「いつ＝どんな順序で」「どこで＝どのような状況を整えて」「なにを・どうする・どうなる」そして「なぜ有効なのか」が述べられれば、「これから」の骨格は完成です。

この骨格からどのようにして実用文を完成させるか、今回も2つの答案例を見ながら、考えていきましょう。

【図表92　答案例3】

> A社に納入するBシステムの開発が終了し、私が現在のB部に異動になったのは、5年前のことであった。そのころ特定のお客様から、我が社の納入したシステムが使いにくいという苦情が非常に増えていた。特に、お客様が新規に購入したソフトとの相性が悪く、さまざまな障害が生じるというものであった。その対応のために、担当者は連日残業に追われていた。
>
> しかも、当初この問題は、特定の納入先に限定されていたが、次第に他のお客

様からも、同様の苦情や解決の要請が多くなった。私の担当しているお客様からも、○○で作成したデータを利用したいのだが、うまくいかない、といった苦情が多く寄せられるようになった。これらの問題を解決するため、私はさまざまな方面を調べ、また思考を巡らせて努力した。数日間相手先の企業に泊まり込んで、作業したこともある。しかし、それでも迅速に結果を出すことができなかった。

これに対して、昨年、B部では、苦情対策のミーティングを定例化した。当初は、それぞれの抱えている問題とその進行状況を報告するだけであったが、ある時から、各担当者の抱えている問題に共通点があることがわかるようになった。

そこで、我が社が提供したシステムと、お客様が改善を望む問題との対応関係が明らかになるとともに、問題にはいくつかのパターンがあることがわかった。そして、それぞれのパターンに対する応用可能な解決方針がいくつか見つかったのである。

これを機会に、ミーティングの性格が変わっていった。単なる報告のためのものから、より積極的な情報交換の場になったのである。特に、同じパターンの問題に先に対処しているメンバーから、今までの試行錯誤に関する情報を提供してもらうことで、同じ作業を繰り返すことが減ってきた。当初はミーティングの時間は無駄であるという意見もあったが、これに掛ける時間以上に作業時間が短縮できることが分かってきた。

さらにミーティングの課程で明らかになった、より大きな問題がある。それは、我が社のシステム開発の方針がこれでよいのか、という問題である。我が社は規模こそ小さいが、システム開発・ソリューション部門では老舗に属する。そのため、独自のシステム開発に自信をもってきたが、現在のように市販ソフトを始めとして、我が社以外で開発されたシステムとの連動が望まれる段階では、開発段階からシステムのオープン化を考えるべきである。

これからは、ミーティングの結果を部内作業効率上昇のためだけに用いるのではなく、ここで得たオープン化に関する情報を、大規模システムの開発にも生かせるよう提言していきたい。

今後ますます、お客様の要求は増え、さらに厳しいものになると思われる。だが、これに圧倒されることなく、我が社の重視するチャレンジ精神をもって、解決に当たらなければならない。

【図表93　答案例4】

　私が現在のB部に異動した5年前、お客様から、新規に購入したソフトとの相性が悪く、さまざまな障害が生じるとの問い合わせがくるようになった。この問題は、当初、特定の納入先に限定されていたが、次第に他のお客様からも、同様の苦情や解決の要請が多くなった。

　私も「○○で作成したデータを利用したいが、うまくいかない」という苦情に対処したが、解決に手間どった。これを受けてB部では、苦情対策のミーティングを定例化した。当初は、各担当者が問題と進行状況を報告するだけだったが、回を重ねた結果、各担当者の抱えている問題に共通点があることが明確になった。そこで、さらにそれらを分析したところ、パターンごとの解決方法がいくつか見つ

かった。
　これを機にミーティングの性格は、報告の場から、有益な情報交換の場へと変わった。特に、同じパターンの問題に先に対処しているメンバーから情報を提供してもらうことで、同じ作業を他のメンバーが繰り返す必要がなくなった。それゆえ、当初はミーティングの時間は無駄であるという意見さえあったのが、これに掛ける時間以上に作業時間が短縮できるからと、全メンバーがその意義を納得した。
　さらにミーティングによって、より大きな問題が明らかになった。それは、我が社のシステム開発の方針に関する問題である。我が社は、規模こそ小さいが、システム開発・ソリューション部門では老舗である。そのため、独自のシステム開発に自信をもってきたが、現在のように市販ソフトや、我が社以外で開発されたシステムとの連携が望まれる段階では、開発段階からシステムのオープン化を前提にすべきなのである。
　今後は、ミーティングを充実させてこれらの問題を解決していく。まず、ミーティングの前に、あらかじめ参加者が問題点をメモの形で提出し、短時間で多くの問題を取り扱えるようにする。
　また、毎回担当者を決め、ミーティングの結果を文章化する。このことで、お客様からの要望に応えるためのマニュアルを充実させる。こうした準備と結果の整理には時間を要するが、最終的に問題解決の時間を短縮することになる。
　また、ミーティングの結果をシステムの開発にも活かせるよう、お客様の要望を整理し、大規模システムの開発部門に提案していく。このためには、部長の指示を受けB部の意見をとりまとめる担当者が必要になる。
　これも新たな労力と費用が必要だが、お客様の要望に応えるシステムを開発することは、我が社の売上増加に貢献する。さらに、お客様からの苦情や問題を解決する時間を削減できる。
　私自身、大規模システムの開発携わった経験を活かし、この１年間、ミーティングの資料やまとめの作成だけではく、システム開発に必要な技術的提案をまとめていく。

♣答案例３と４の比較

　答案例３（図表92）の決定的な問題点は、設問の要求のうち、「これまで」に分量を割り過ぎた結果、「これから」の記述が不足していることです。「これまで」の回顧は、確かに答案を作成するにあたって不可欠ですが、本課題の主眼はやはり、「今後１年間どうするか」にあるといえます。
　対して答案例４（図表93）では、「これまで」の記述に、現在の問題に直接関係のない個人的な体験などはありません。その結果、答案例３に比べて全体的に簡略になっています。そこで生じた字数の余裕を用いて、答案例４は、「今後１年間どうするか」についての記述が増えています。このため、設問の要求にいっそう的確に対応しています。
　また、これは分量配分の問題とも関連しますが、答案例３では、なにかを

「したい」あるいは「必要とする」という記述はあるものの、その実現性・有効性に関する記述はほとんどありません。これでは社会人の書く実用文としては失格です。

　加えて、書き手の立場で、その実行権限があるかどうかも重要なポイントになります。権限がないにもかかわらず、このようなことを主張するというのは、「できなくても私は知りません」というのと同じです。すなわち無責任極まりないと判断されます。この点、答案例3では、誰が、という視点は曖昧で、今回の設問に対する解答としては不適当です。

　とくに、今回の例題2では、「自分がどうするか」という形で、書き手自身の行動を問うています。「誰かが」または「組織が」なにかをすること・何かになることを問うているのではありません。この点を外している答案例3は、昇進試験の答案としては、そもそも問われたことに答えていないとして、即座に失格＝0点扱いになります。

　この点、答案例4（図表93）では、短い文章ではありますが、提案に伴う労力やその効果を検討しています。さらに書き手自身の行動が書かれています。また、他部門への提案など書き手の権限を超える問題に関しては、「部長」という権限の所在を明確にしています。

　このように、答案例4は答案例3に比べて、文章全体の主張＝自説と、論証が明確になっています。そのため、答案例3の最終段落、「チャレンジ精神」うんぬんに当たる記述がないにもかかわらず、書き手の問題に取り組む熱意が伝わってくるのです。

♣文章は書き手の意識を正確に反映する

　課題を正しく読み取ることも、権限があるかどうか、誰が行うのかも、根源的には書き手の意志に関わってきます。つまり、どこまで課題を自分自身の問題ととらえ、自分で解決に携わる気があるかどうかです。

　問われたことに対して書き手自身がなにをするのか、そのプランが十分でなければ、答案例3のように、他人事で曖昧な表現を多用した文章にならざるを得ません。逆にやりたいことがたくさんあるなら、分量配分問題を始めとして、答案例4のようになるはずです。

　文章を「書かされるもの」ととらえる限り、この問題は解決しないでしょう。いくら言葉で飾ろうとしても無駄です、と繰り返し説いてきましたが、今回の2つの例文を見比べれば、皆さんも同意するのではないでしょうか。よほどの熟達者でもない限り、文章は書き手の意識を正確に反映するのです。

Q71 日常的な業務から論点が指定された昇進・昇格試験の答案の書き方は

Answer Point

♣ 昇進試験では、細かく論点が指定されることも多いのです。
♣ 指定された論点を外すと、大きな減点になります。
♣ 論点の見落としを防ぐには、詳細な構想を立てそれに沿って忠実に書くことです。

♣出題側が重視している点に注目する

Q70で取り上げた例題2（図表91）は、全く同じ形で出題されるとは限りません。実際には、さまざまな変形があります。今回はその中から、書き手＝解答者の業務から、問題を発見する能力を重視している出題を取り上げます。

こうした変形が生じるのは、それぞれの企業の状況によって、出題側が関心を置く要点が異なっているためです。その影響から、企業が関心のある要点に絞って出題することは珍しくありません。また、試験である以上、毎回問題を変える必要があります。その点からも、設問文で細かい論点の指定をしている場合が多いのです。

このような出題であっても、基本的な考え方はQ70と同じです。ただし、論点が細かく指定されているので、いちいちそれに従わなくてはなりません。これは面倒にも思えますが、文章の内容をどう考えるかを指示しているのですから、設問を正確に読み取りさえすれば、かえって楽だともいえます。

ここでも、実際に答案を作成していく手順に沿って、考え方と書き方を説明します。

【図表94　例題3】

> あなたの所属する部署において、業務の効率化を行うためには、どのような改革が必要か、あなたの担う役割と行動を含め、あなたの考えを具体的に述べなさい。（1,200字以内）

♣ポイント1/課題を分析する

はじめに、設問の要求を正しく読み取るため、ここで、Q35・36で紹介した考え方を実践します。まずは問題文の意味の中心になっている重要な概念＝「重要そうな語（句）」を見つけ出すことから始めます。

具体的には、問題文を読みながら「重要そうな語（句）」にアンダーラインを引いて、チェックしましょう。そして、その「重要そうな語（句）」が互いにどのような関係になっているか、○×や矢印などの記号を使って整理してみましょう。この作業によって、他の部分との関係が薄い＝「重要そうだが重要ではない」ものを排除できます。

今回の問題文では、「あなたの所属する部門」「業務の効率化」「改革」「（あなたの担う）役割と行動」「具体的」などが重要概念になります。

♣ポイント２/各概念を分析する

設問の重要概念を選び出しただけでは、まだなにを書くべきか＝論点はなにかについて、見当がつきません。しかも、問題文はわずか70字強ですが、答案は（1,200×0.9＝）1,080字以上、書かなければなりません。

課題の分析によって、骨格を構成する材料は手に入ったとしても、これを肉づけするための材料はまだ足りません。したがって、各概念をいろいろな角度から再度分析して、これに関係づけられる事柄を探すことになります。

以下、具体的に課題の分析によって選んだ概念を、さらに詳しく分析し、その意味を考えることで、答案に盛り込むべき内容を探してみましょう。これをまとめると図表95のようになります。

【図表95　概念の分析】

項　目	分　析
①「あなたの所属する部署」	この限定がありますから、他セクションの問題など、「あなた」（答案の書き手＝解答者）の所属部署以外の事例をあげてはいけません。いわば、議論の土俵＝範囲を決める概念といえます。
②「業務の効率化」	ここもまた、取り上げる問題を限定しています。「効率化」＝同じ仕事をより少ない費用（時間・人数）で行うようにすることです。これが可能だと思う問題を探し、それを議論の中心に据えます。一方、いかに業務上重要でも、売上の向上・取引先の信用・社内のチームワークといった「効率化」以外の問題を論点にすることはできません。
③「改革」	これが、答案の核心になる概念です。「改革」＝現状をよりよく変化させることです。したがって、効率が悪い問題を見つけるだけではなく、それを変化させる方法まで考えなければいけません。②で気づいた問題がいかに重大であっても、「改革」の方策のないものではダメなのです。
④「（あなたの担う）役割と行動」	③であげた「改革」に、「あなた」（＝解答者）がどのように関わるかです。したがって、③の段階で、「あなた」に関係のない、いわば他人事の問題点とその「改革」をあげたのでは、ここで論点が

		見つからなくなります。
		特に注意していただきたいのは、「所属する部署」＝組織の一員としての視点です。「私のミスです、今後このような失敗をしないように気をつけます。……」といった個人の問題をいくら述べても、「所属する部署」としての「改革」とはいえません。まして「あなた」が管理職や、同僚の中でもベテランであるなら、なおさらです。
		部下や後輩とどう協力し、「部署」全体をどう動かすか考えなければなりません。
⑤	「具体的(に)」	①〜④であげる論点すべてに関係します。どんなに優れた「業務の効率化」の「改革」であっても、また「あなた」がどれほど頑張ると述べても、事実に裏打ちされた提案でなければ、読者（採点者）を納得させることはできません。読者の同意・納得を得るためには、具体例を用いた論証が必要になります。
		したがって、①〜④で骨格を組み立て、⑤の具体例でそれに肉づけをしていくのです。

♣ポイント３/全体の構想を立てる

　以上の作業を通じて、答案全体の骨格やそれに肉づけするための材料は、揃ったことになります。今度は、これをどのように構成するか＝答案をどのように組み立てるかを考えなければなりません。すなわち、論文全体の構想を立てるのですが、この段階で失敗すると、なにをいいたいのかわからない文章になってしまいます。

　この構成のしかたには、いろいろな方法があります。ただし、いずれにしても(1)自説（＝解答者独自の見解）、(2)自説に対する論証、以上２つの要素が含まれていることが絶対条件です。

　例えば自説を欠いた文章は、いかに正確な事例を豊富に紹介していても、単なる事例の紹介になってしまいます。逆に、論証のない自説だけで構成された文章は、意見表明・感想発表とはいえても、論文＝読者の同意や納得を得ようとする文章にはなりません。

　逆にいえば、自説と論証だけで構成された文章は、簡潔さが要求される実用文としては理想の形態といえます。ゆえにこの自説とその論証から構成された文章を書けるようになることが、目標といえます。

　しかし、今回は、「あなたの所属する部署」「業務の効率化」という議論の土俵が決められています。ですから、まずこれに対応しなければなりません。特に、昇進試験では、日頃一緒に仕事をしていない人が、読者＝採点者になりますから、それへの配慮も必要になります。

　また、構成を考える際には、制限字数への対応が必要になります。そのた

めには、答案の各部分でどのぐらい字数を使うかも併せて考えることになります。そこでヒントになるのは、Q51で述べた段落構成方法です。特に1つの段落は150字程度にするという原則が、役に立ちます。

今回の答案は、1,200字以内＝1,080〜1,200字で書くことになります。これは150字の段落でいえば、7から8個の段落になります。これに従えば、この段階構成を手早く失敗なく行えます。

【図表96　段落の構成】

項　目	説　明
① 効率化すべき問題点をあげる	ここで、1段落（150字）を使います。まず、自分の所属を明らかにします。ただし、「私は○○に所属している。」の一言だけです。それに次いで、「ここでの問題は…が非効率になっていることである」と書き、改革すべき自部署の問題点を1つだけあげます。 　これは直感ですぐに選んではいけません。改革に際して、設問が要求している「（あなたの）役割と行動」を伴うものでなければなりません。自分の手に余るもの、どうしようもないものは、問題点としてはいけません。さらに、「具体的」な事例が用意できることも必要です。 　複数思いつく問題の中で、材料が一番揃うのはどれでしょうか？「揃う」といっても、それは自然に湧いて出るものではありません。これまで説明したように、書く前の作業によって、自分で頭を絞って、十分な数だけ揃える他はないのです。 　なぜなら、十分な材料がなければ、読み手に十分説明することができず、その結果書くべき内容が不足するからです。内容が不足すれば、無用な記述で文章をふくらませることになりますが、これではダメな文章になるばかりです。 　マラソン同様、文章もスタートが肝心です。作業のはじめで手抜きをすれば、書けば書くほどダメになるのです。
② 問題点を取り上げた理由をあげる	業務の中の非効率は、複数あるはずですが、なぜ1つだけあげたのか、理由を説明します。ここでも、1段落を使います。
③ 問題点の原因・背景を説明する	取り上げた問題点の原因をあげます。これは、複数あっても構いません。簡単に説明できる原因ならば、問題点と合わせて、1段落にまとめて述べましょう。複雑な問題ならば、原因・背景1つにつき、1段落を用いてよいでしょう。 　ただし、無駄な言葉で引き延ばすのは禁物です。また全体の段落数が8段落までであることを考えると、1つの原因につき1段落用いるなら、原因は2つまでしかあげられないことになります。 　そうでなければ、問題点＋原因・背景に4段落、つまり全体の半分以上使うことになり、この後述べなければならない「改革」や、その中での自分の「役割と行動」が、書けなくなるか、いい加減になってしまいます。

④	原因解決のための改革をあげる	ここが答案全体の「自説」になります。③であげた原因それぞれについて、解決策を述べますが、あげたすべての問題に対して、解決を述べねばなりません。そうでなければ「言いっ放し」であり、無責任な文章になります。 　なお、なぜそれが解決になるか、読み手にわかりにくいような改革であれば、その効果のほどを説明しなければなりません。つまり解答者の経験や、他社や他部署の事例を紹介して、確かに「効率化」できることを論証することが必要になります。ここでは、あげた改革1つについて、それぞれ1段落用いましょう。
⑤	改革に際して、自分がなにをするか述べる	なにかを「したい」「必要とする」を述べるだけでは、しょせん他人事です。このような無責任な文章を読んで、高く評価する人はいません。だからこそ、設問も自分の「役割と行動」を述べるよう要求しているのです。したがって、残りの段落を用いて、自分の役割と、なにをすれば改革に貢献できるかを述べます。

　なお、具体的な論点・概念を決める際には、技術用語など、部署外では知られていないものについて、必要に応じて説明しなければなりません。その一方で、採点者を含む社内の誰もが知っているような用語や概念について、くどくど説明しては、かえって全体の流れがわかりにくくなります。どこまで説明するか（あるいはしないか）の見極めを慎重に行う、つまり読み手を見切ることが、よい実用文を書くポイントになるのです。

　ここまで準備ができれば、後は書くだけです。ここでも、2つの答案例を検討することで、最終的にどのような答案を目指すべきかを考えましょう。

【図表97　答案例5】

　私の所属する○○グループでは、お客様からの料金徴収を主な業務にしている。これは、直接お客様から徴収する場合と、代理店に委託している場合とがある。ここでの問題は、お客様からの問い合わせへの対応に手間取っていることである。

　お問い合わせへの対応は、我が社に対するお客様の信頼と満足度を向上させるために、大切な仕事である。しかし、料金の請求や徴収に誤りや遅れが生じたのでは、会社としての信用問題になる。特に徴収業務が忙しくなる時は、お問い合わせも増えるので、効率的にお問い合わせに答えることが、徴収業務を確実に行うためにも重要である。

　現在、お問い合わせを受けた者がお答えしている。このため、対応のためのマニュアルはあるものの、各担当者が独自に判断し答えている。特に代理店経由のお問い合わせでは、各代理店の担当者が対応する現在の方法では、その担当者が不在の時には、今までの経緯を知らない者が対応するため、時間が掛かる。

　さらにこの方法では、同じ内容のお問い合わせに対して、担当者によってニュアンスの異なるお答えをする場合がある。また、既に他のメンバーが同じ問題に対応しているのに、これを知らないために、別の担当者が一から調査して答えるとことも多い。このような対応のバラツキは、直接トラブルに結びつかなく

とも、我が社の信用を低下させる。

　○○グループでは、毎月の全体会議で情報交換を行っている。しかし、これだけでは、お客様や代理店からどのような問い合わせがきているのか、あるいはどのように解答しているのか、正確に把握できない。特に、お問い合わせは電話によるものがほとんどである。このため、お問い合わせとそれへのお答えを記録に残すのは難しい。現在、お問い合わせ記録簿があり、対応した者が記録しているが、これは同一のお客様から再度お問い合わせがあった場合に、参照する程度である。

　私は、お問い合わせの対応を現在の各担当者任せから、グループ全体で統一的に対応する改革が必要だと考える。そのために、現在の記録簿を整備し、イントラネット上で閲覧できるようにする。このことで、記録簿を参照しやすくする。こうして、メンバーの誰もが、お問い合わせ内容をネット上で検索することで、同様のお答えができる。

　さらに、代理店に対して、このお問い合わせへの対応記録を公開し、利用できるようにする。そうすれば、類例の多い一般的なお問い合わせに関しては、我が社ではなく代理店で対応してもらえるようになる。このことで、迅速な回答が可能になり、顧客満足度も向上する。迅速で、しかも担当者によってぶれることにないお答えをすることは、お客様からの信頼も向上させる。

　私は、今までの記録簿を整理し、グループ全体で利用でき、しかも代理店に公開できる対応表の原案を作成することで、この提案の実現に向けて努力していく所存である。

【図表98　答案例6】

　私の所属する○○グループは、お客様からの料金徴収が主な業務である。これは、直接お客様から徴収する場合と、代理店に委託する場合とがある。ここでの問題は、お客様からの問い合わせへの対応に、手間取っていることである。

　問い合わせへの対応は、我が社に対するお客様の信頼と満足度を向上させるために、重要な業務である。しかしそれに手間取って、料金の徴収に誤りや遅れが生じては、会社としての信用問題になる。特に徴収業務が忙しくなる時期に、問い合わせが増える現状を考慮すれば、効率的に問い合わせに答えることが、確実な徴収業務のためにも必要である。

　現在この業務は、問い合わせを受けた者に任されている。このため、対応マニュアルはあるものの、実際には各担当者が独自に判断して答えており、回答までに時間がかかる。特に代理店経由の問い合わせでは、問い合わせに至った経緯が分からず、代理店に問いただす必要があるため、一層時間が掛かる。

　さらにこの方法では、同内容の問い合わせに対して、担当者によって異なった回答をしてしまう。つまり、既に他のメンバーが同じ問い合わせに回答済みでも、別の担当者はそれを知らず、一から調査し直すことになるため、異なった回答になる。このような対応のばらつきは、直接トラブルに結びつかずとも、我が社の信用を低下させる。

　本来この問題は、月例会議での情報交換で解決することになっているが、実際には、問い合わせの種類と回答例を、全員で共有できていない。なぜなら問い合わせとその回答は電話によることが多く、記録に残しにくいからである。無論、

記録簿はあるものの、現実には記帳者自身が参照する程度にしか、活用されていない。

これを解決するには、問い合わせへの対応を、グループ全体で統一する改革が必要である。そのために、現在の記録簿を整備し、ネット上で閲覧できるようにする。これによって全員が、問い合わせ内容をネット上で検索し、ぶれのない回答ができる。同時に調査の手間を省き、回答に要する時間を大幅に短縮できる。

さらに代理店に向けて、この対応記録を公開し、利用してもらう。これにより、類例の多い一般的な問い合わせについては、代理店で対応してもらえるようになる。その結果、代理店経由の問い合わせは大幅に減少する。しかも、我が社に問い合わせる手間が省けるため、代理店にとっても有利である。

加えて迅速でぶれのない回答は、単に業務の効率化だけではなく、お客様の信頼も向上させる。ゆえに私は、今までの記録簿を整理し、グループ全体で利用でき、しかも代理店に公開できる対応表の原案を作成することで、この提案の実現に向けて努力していく。

♣答案例5と6の比較

今回、答案例5・6ともに、設問の要求に沿った構成になっています。実際、両者の記述には共通点が多数あります。しかし、実際の試験であれば、両者には採点上大きな差がつきます。

その最大の原因は、答案例5では、解答者の提案が設問の最重要概念である「効率化」と十分関係づけられていないためです。せっかく実現の可能性が高く、しかも効果が高い提案をしているのに、「信頼」や「満足」という効果は指摘できていますが、これでなにが「効率化」できたのか、明確になっていません。

これに対して、答案例6（図表98）では、全く同じ「改革」案を示していますが、「効率化」について指摘しています。このたった数行の相違によって、答案例6は合格圏の答案であり、答案例5（図表97）はそうではなくなっています。

実は、実用文を添削していると、答案例5のような事例をしばしば目にします。この例では、設問の要求をいったんは理解して、それに適した材料を集めることはできています。さらに、この材料を設問の要求に沿って配列することにも、成功しているのです。

しかし、答案の最終段階で、設問の要求＝書けといわれていることを忘れてしまい、失敗してしまったのです。せっかくの事例も、設問の要求と無関係になっては、ここまでの努力も水の泡になってしまいます。

このような失敗を防ぐには、構想の段階で作成したメモを大切にすること

です。構想の段階で、なにを問われているか、またそれに対応するためには、なにを書かなければいけないかを正確にメモしておくとともに、実際に各段階でも、この書くべきことが答案に盛り込まれているかどうか、確認しながら書き進めるようにしてください。

このような作業をすれば、答案例5でも、最終段階で「業務の効率化」の問題に触れることができたはずです。

♣乾いた記述を

2つの例文を読んで、答案例6のほうが「乾いた」文章になっていると感じる方が少なくないと思います。こうであった、ゆえにこうする、そのためにはこれが必要だ、こうした記述には無駄がありませんから、読んで乾いた印象を持つのは当然です。

しかし実用文の原則は、「言葉は簡潔に、内容は濃く」でした。したがって、乾いた文章でもいっこうにかまわないのです。もし乾いた文章に戸惑いを感じるのなら、それは単に、論説文を目にすることが少ないという、慣れの問題に過ぎません。

歴史的に見て日本語の文章は、なかなか後世に残りにくい個人的な手紙を除けば、論説文より物語や詩歌などの芸術作品が量的に圧倒的でした。江戸時代まで公的な文章は、ほとんど漢文で書かれ、口語で論説文が書かれるようになったのは、明治以降に過ぎません。

そこで明治の先人たちは、欧米の論説文を参考に、口語論説文の文体を生み出していったのですが、その欧米がお手本にしたローマ時代の実用文は、実に乾いた文章です。

例えば、ローマ時代の模範文の1つとされる、カエサル（シーザー）の文章は、こんな調子です。

「…大きな平野があってそこにかなり大きな土の塚があった。この場所は双方の陣地からほぼ同じ距離にあった。指定されたこの場所に協議に行った。…」(岩波文庫『ガリア戦記』近山金次訳p.63)

この文章は、遠征に出たカエサルが本国に送った報告書を元にしたといわれていますが、「〜した。」「というのも…からである。」の連続、つまり自説とその論証のみで、まことに素っ気ない文章です。

ですが、今日まで欧米でも日本でも名文と評価されていることを考えると、このように乾いた文章こそ、実用文としてふさわしいというべきでしょう。

Q72 会社全体の環境や会社の方針をからめた昇進・昇格試験の答案の書き方は

Answer Point

♧ 日常業務を離れて、社会常識や全社的な目標が論点になる出題があります。
♧ ある程度知識は必要ですが、まじめに仕事をしていれば大丈夫です。
♧ その他の考え方は、他の問題と全く同じです。

♣ 一般常識も出題範囲になる

　Q70の例題2（図表91）のように、将来に対する提案や企画を問う出題には、Q71の例題3（図表94）のタイプ以外にも、多様なバリエーションがあります。その中でも昇進試験でよく出題されるものに、図表99の例題4のようなタイプがあります。

　その特徴は、一般常識として書き手が知っているはずの論点を、設問が指定していることです。例題3と同じく、論点を細かく指定するのですが、その際、勤め先の全社的な問題、あるいはより広く、日本や世界全体で問題になっている概念を含むことがあります。

　今回の「企業の社会的責任（CSR）」は、マスコミなどでも取り上げられることの多い言葉です。このような、いわば社会的に一般常識となっている言葉のほかに、勤め先に固有の社内の標語やスローガンが取り上げられる場合もあります。

　このタイプの課題に答える際の考え方は、ここまで述べてきたことと基本的には同じです。しかし、特別に注意すべき点があります。それは、日常の業務の中では、必ずしも一般的でない知識が必要になることです。

　ただ、このタイプの出題であっても、課題の分析から始めるという原則は、全く変わりません。では、このタイプの出題ではどのような点に注意しながら答案を作成するか、今回も実際の手順に沿って、考えていきましょう。

【図表99　例題4】

> 現在、企業の社会的責任（CSR）が強く求められています。我が社においてCSRを推進していくために、あなたの所属部署ではどのような取組みが必要ですか。またその取組みに対して、あなたは何をすべきか、考えを述べなさい。
> （1,200字以内）

♣ポイント1/課題を分析する

　ここまで、実際の答案例をいくつか検討してきました。そのいずれも答案の出来不出来、さらに実際の昇進試験で合格するかどうかの最大の分かれ道が、この課題の要求を正しく理解しているかどうかでした。ですから、この段階でどのような作業をするか、是非皆さんもマスターしてください。

　その第一歩は、問題文の重要概念を抜き出すことです。今回の問題文では、「企業の社会的責任（CSR）」「CSRの推進」「あなたの所属部署」「どのような取り組み」「あなたはなにを」などが重要概念になります。

　まず、問題文の中から、これらの重要概念をもれなくチェックできなければなりません。これが揃わないと、問われたことに正しく対応する答案になりません。また、この重要概念は、答案の骨格になるものですから、確実に読み取ってください。

♣ポイント2/各概念を分析する

　次に、問題文から抜き出した重要概念をもとに、実際に書くための材料を探します。今回も例題3と同様、ポイント1で選んだ概念を詳しく分析してください。これによって、答案に盛り込むべき論点や事例を見つけることができます。

【図表100　概念の分析】

項　目	分　　析
①「企業の社会的責任（CSR）」	この概念のように、一般社会で用いられている概念が、設問文の重要概念になっている場合には、これに対する知識が必要です。ただ、昇進試験の性格にもよりますが、スポーツ紙以外の新聞を読んでいれば、十分な知識が得られる範囲から出題されます。 　あるいは、社内の標語やスローガンの場合でも、社内の文章で日常的に使われているものから出題されます。こうした言葉は、日常業務に必要な社内文書を読んでいれば、知っているはずです。 　こうした社会の常識や社内の常識を超える範囲から言葉が出題される場合には、問題文の中か、あるいは一緒に示される資料などによって、重要概念に対する解説が示されます。 　このように、常識として知っているはずの言葉（概念）であるだけに、こうした重要概念にかかわる知識が全くないというのは、やはりビジネスパーソンとして失格です。ですからとくに昇進試験対策ではなくても、日常的に新聞やビジネス書などを読むよう、習慣づける必要があります。 　なお皆さんもご存じだとは思いますが、ここで一応、企業の社会的責任（CSR）の辞書的な説明をしておきましょう。

		これは、企業が利益を追求するのみならず、その活動が社会へ与える影響に責任をもち、あらゆる利害関係者（ステークホルダー）からの要求に対して、適切な意思決定したことを指すもの、と定義されます。逆にいえば、今回の例題4の答案を書くためには、この程度の知識で十分です。
②	「CSRを推進」	今回の設問は、単なるCSRに関する知識を問うているのではありません。「CSRを推進」という概念が使用されていることで、CSRの考え方を実際に職場に取り入れていくためにどうするか、具体的な方策を示さなければなりません。 　このためには、CSRとはなにかという辞書的な知識だけではなく、CSRが実現された例、あるいは実現に失敗した例に対する知識も必要になります。しかし、これもまた日常的に新聞を読んでいれば不足しないはずです。
③	「あなたの所属部署」	この概念があることで、①②の知識を、書き手の職場に応用する能力が問われることになります。今まで皆さんの職場でCSRが議論されたことがあれば、その体験から材料を探すことになります。しかし、そのような体験はない、という方のほうが、むしろ多数派だと思います。 　ただ、出題側の意図は、書き手が日常業務の中でCSRに携わったかどうかを重視しているのでありません。今まで体験がなくとも、CSRについての知識を、日常業務に当てはめて考えることができるかどうかを問うているのです。ですから、今まで意識せずにいたことを、日常業務に適応するとどうなるかという、いわゆる問題を発見する能力が必要になります。
④	「どのような取組み」	この概念があることで、③の「あなたの所属部署」で発見した問題に対して、さらにその解決策を考えることになります。③の問題を発見する能力に対して、こちらでは、問題を解決する能力が問われることになります。 　これを考える際には、単なる机上の空論にならないよう、有効性や実現性に対する配慮も必要になります。ですから「あなたの所属部署」の人員配置や業務の量から見て、実現不能な提案をしてはいけません。
⑤	「あなたはなにを」	この概念によって要求されているのは、④の「取組み」に「あなた」（＝解答者）がどのように関わるかです。④の段階で、「あなた」に関係のない、いわば他人事の「取組み」をあげたのでは、ここで書くことがなくなってしまいます。 　次に④で要求されている「所属部署」の一員としての視点です。これと切り離された個人の問題をいくら述べても、「所属部署」の「取組み」にはなりません。 　また、「あなた」が所属部署の中で管理職なのか、あるいは一般社員なのかによっても、「なにを」するかが変わってきますから、この点も十分考えてください。

♣ポイント3/全体の構想を立てる

　ここまでの作業で、答案の骨格と盛り込むべき材料は揃いました。ここからは、これを用いて答案の構成を考えることになります。

　ここで、絶対に外してはいけない要素が2つあります。1つは自説（＝解答者独自の見解）、もう1つは自説に対する論証という2つの要素です。

　今回の答案も、これまで例題と同じように、1,200字以内＝1,080〜1,200字で書かなければなりません。1段落は150字前後ですから、全体で7〜8段落構成になります。

【図表101　段落の構成】

項目	説　　明
① 「企業の社会的責任（CSR）」に対する解答者の考えを述べる	解答者が設問の重要概念をどのように捉えているか、まず明らかにします。例題4に答えるためには、「企業の社会的責任」に対する一般常識程度の知識をもっていることが前提になりますので、それをここで示しましょう。 　しかし、この部分はあまり長くすることはできません。1段落かせいぜい2段落以内にしないと、実用文として最も大切な自説とその論証が少なくなり、設問の要求に十分応えられなくなります。
② 「あなたの所属部署」で「CSRを推進」すべき業務をあげる	この段階までに、解答者の所属部署を明らかにする必要がありますが、これは簡単にしましょう。重要なのは、その部署の中で、CSRに関係のある業務を見つけ出すことだからです。 　この取り上げる業務の選択は、慎重に行ってください。その要点は、まずなんらかの「取組み」がある業務に絞ることです。CSRに関係のある業務であっても、「推進」のための「取組み」があげられないと、答案は書けないからです。 　さらに、この業務は、「あなたはなにを」するかを、思いつくものである必要があります。 　これらの条件を満たす業務上の問題を「あなたの所属部署」の中から探しましょう。なお、ここで「取組み」や「あなた」のすべきことが、できるだけ豊富な業務を探しますが、これは1つとは限りません。制限字数を1割以上残すことがないよう、場合によっては複数の問題を取り上げる必要があります。ですからここで、2段落程度は必要になるでしょう。
③ 「取組み」を提案する	②であげた「推進」のための具体的な「取組み」を、ここで述べることになります。これが、答案に不可欠な自説になります。 　その際、まず現状を正確に述べなければなりません。日頃まじめに業務に取り組んでいれば、これは難しくないはずです。しかし、現状を正しく把握していなければ、適切な「取組み」が提案できません。

④ 「取組み」の有効性・実現性を論証する	この部分が、自説に対する論証になります。 ③の取組みは、CSRの推進に対して有効でなければなりません。ですから、解答者の経験や、他社や他部門の事例を紹介して、「CSR」を推進できることを論証しなくてはなりません。さらに、費用や時間・人員などの面でも、実現可能な「取組み」であることを示さなければなりません。 有効性や実現性の疑わしい「取組み」を提案したのでは、問題に答えたことになりません。さらには、解答者が日常業務に向き合う姿勢にも、問題があると判断されてしまいます。	
⑤ 解答者が「取組み」の中でなにをするか	「あなたはなにを」するかという、設問の要求に対応する部分です。解答者が③で提案した「取組み」の中でなにをするかを書かなければ、他人事としてしか考えていないことになります。	

　そのほか、技術用語などの使い方など、表記上の注意点は、今までの例題と同じです。

　今回も、２つの答案例を示しますので、以上の考え方がどのように反映されているかを見ていきましょう。

【図表102　答案例7】

> 　問題文にある企業の社会的責任（CSR）とは、果してなにを指すのか。これは、企業が利益を追求するのみならず、組織活動が社会へ与える影響に責任をもち、あらゆる利害関係者（ステークホルダー）からの要求に対して、適切な意思決定をすることである。
> 　このCSRの考え方によれば、企業の経済活動には利害関係者に対して説明責任があるとされる。この利害関係者とは、企業の顧客である消費者だけではなく、取引先全体や従業員なども含む、幅広い概念である。この責任を果たせない企業は、社会的に容認されず、最終的には市場から退場せざるを得なくなるといわれている。
> 　このように、本来社会のさまざまな分野に存在する、利害関係者に対する社会的な責任を指すCSRであるが、今日特に重視されているのは、地球環境問題に対する責任と、法令遵守の責任である。私の所属部署である○○製造部でも、この問題に取り組まなければならない。以下、この２つを中心に、所属部署におけるCSRの取組みについて考えたい。
> 　まず、地球環境問題についてであるが、○○の製造をする限り、何らかの形で全く地球環境に負荷を与えないということは不可能である。そこで、せめて最も環境負荷の少ない製造方法を採用することが現実的な解決策になる。しかし、製造技術は日進月歩であり、現時点でどの方法が最善と判断するかは難しい問題である。
> 　したがって、重要なのは、まず、全員のもっている情報を持ち寄り、何が現時点で環境負荷が最も低いかを○○部全体で検討することである。こうした検討をすれば、現状を改革する思いも寄らないようなアイデアを、見つけ出せるかもしれない。
> 　次に法令遵守の問題であるが、これは基本的には個々人の意識の問題だと考えられる。意識的に違法行為をする者は稀であるし、仮に法令を遵守しない人がいても、意識して見ている者があれば、これに気がつくはずである。しかし、自分のやり方は普通であり、何の問題もないと思っている場合には、法令違反

の見落としが生じることになる。
　このような、無意識に行ってしまう法令違反を防ぐためには、部全体での取組みが大切である。定期的に法令遵守に関する会合を開き、自分の業務はもとより、他のメンバーが法令に即した行動を取っているか、相互に検討することである。そして、問題のある行動に関しては、厳重に注意するようにする。
　こうして、各個人がもっているであろう地球環境問題や法令遵守に対する考えをもち寄って提示し合う場や機会を定期的に設けることが、CSRに対する貪欲な視点を養う。また、問題のある箇所に気づき、CSRを促進しようと努める姿勢を育てる。
　以上のように、CSRについて○○部の全メンバーの意識を変えるよう図ることと、そのための組織・機会を整えることが、私の所属部署においてCSRを促進する対策として、私の取り得る手段である。

【図表103　答案例8】

　本来CSRには、さまざまな側面があるはずだが、社会で話題に上るのは、地球環境と違法への配慮が中心である。無論、この2点が重要であることに間違いはない。しかし、当社は、民間企業である以上、最大のCSRとは、良質で安価な製品の供給を通じて、社会に貢献することであり、これは製造を担う我が○○部も同じである。
　なぜならこの2点が達成されたからといって、本業が廃れては本末転倒だからである。したがって、当社が目指すべきCSRとは、本業を継続発展させても、なお社会の指弾を受けず、その上で社会を含めた幅広い関係者の幸福を、本業を通じて増進させることである。ゆえに私の所属部署が注力すべきは、ひとえに製品と、その製造の改善である。
　それは環境対応でいうなら、負荷が少なくなるよう、既存製品の製造法を改良することである。加えて、新規に環境負荷の少ない製品を開発することで、製品の価値を高め、それを採用していただくことで、顧客の環境対応に貢献することである。これらを価格の向上を伴わずに実現できれば、社会の幸福増進への貢献といえる。
　具体的な製造法の改善としては、原料パルプの洗浄工程に用いる薬剤を、X社のものに変更することがあげられる。価格はトンあたりY円増となるが、窒素を含まないため、環境負荷を劇的に減らせる。また原料古紙を精選し、脱インク工程を省いた再生紙は、白色率と価格を維持しつつ、古紙配合率を劇的に高めた新製品となる。
　これらの実践に要するコストは、既存製品の整理によって捻出できる。既存製品の約半数は、昭和時代の開発品であり、今日の環境基準にそぐわない。伝統的製品だけに安定した需要はあるが、それも近年下がるきざしがあり、価格面でも海外製品に対抗できない。既に代替新製品もあることから、思い切って廃止するのが良策である。
　次に遵法配慮でいうなら、法定禁止物質の使用のような、社にとって致命的な違法行為を、絶対に起こさぬよう具体的手段を講じることである。また製品データ偽装のような愚行が、社の信用を根本から損ないかねないことを、社員それぞれが自覚することである。こちらは、環境対応以上に重要であり、社会の不幸を阻む貢献といえる。
　しかし、遵法配慮の実践は、かけ声だけではできない。自分以外の誰かがやる、あるいは会社がやると社員が捉えている間は、CSRの実現どころか、さらに社会の指弾を受けるような事態を繰り返しかねず、企業を危うくする。ゆえに私はじめ社員は、業務への無責任がいかに重大な結果につながるか、肝に銘じることが必要である。
　その前提は、企業の存亡は自分の私生活を直に左右することを、改めて各員

> が認識することにある。今行おうとした無関心・無責任・怠慢が、やがて家族共々路頭に迷う結果になってはね返るような時代になったことを、我々は知らなければならない。これが実現できて初めて、当社と所属部署は、社会的責任を果たし得ると確信する。

♣答案例7と答案例8の比較

　答案例7（図表102）では、「企業の社会的責任（CSR）」の説明を答案の冒頭で行っていますが、前書を含めて3段落も使っています。この部分が長過ぎるために、本論である解答者の自説とその論証が短くなってしましました。

　これに対して、答案例8では、「企業の社会的責任」に関する辞書的な説明をせず、これに関する解答者の知識を1段落にまとめています。ここからみて、まず構成全体のバランスが、答案例8のほうが優れています。

　その他にも、答案例7のほうでは、次の段落でなにを述べるか紹介している「前置き」が何か所かあります。数千字以上の長大な論文なら、このような記述が必要な場合もありますが、今回のように1,200字以下なら、不要です。逆に、より重要な問題を書くスペースが短くなります。

　さらに書くことがなくて、埋め草としてこのような記述をしたと判断されると、採点上不利になります。この点でも、本論以外の無駄な記述のない答案例8（図表103）のほうが、高い評価が得られます。

　また、自説に当たる「取組み」についても、答案例7のほうは不適切です。結局、単に会議を開けばなにか見つかるかもしれないというだけであって、その有効性は論証されていません。

　一方、答案例8では、環境問題に関しては、極めて具体的な「取組み」の提案がなされており、その効果だけでなく、コストや労力の面での実現性に関しても検討されています。また、法令遵守の面では、答案例7と同じく意識改革を提案していますが、同時に法令順守ができない場合の危険性を指摘しています。同じ意識改革でも、答案例8のほうが、より説得力があり、実現性が高いといえるでしょう。

　その他、文と文、段落と段落の間に、適宜つなぎの言葉が用いられているなど、細かい点でも、答案例8のほうが、読み手＝採点者に対する配慮がなされています。

　両者のCSRに関する知識にはほとんど差がないか、むしろ辞書的な意味に関しては、答案例7のほうが豊富ですが、設問の要求により適切に対応しているのは、答案例8なのです。

8 さらなる学習のために

　実用文を書いたけれど、どこか不安。仕上げはよい指導者に添削してもらうことです。
　そこで、WIEの添削を紹介し、あわせて本書の考え方を、日常業務に活かす方法を解説します。

Q73 添削という方法は

Answer Point

♣ スポーツと同じく、実用文にもコーチに見てもらうと上達します。
♣ それには、専門業者の添削を受ける方法があります。

♣ 実用文の作成能力を高めるには、実際に書いてみること

本書では、実用文の重要性から説き起こして、その書き方の実際までみてきました。今まで大きな誤解をしていた方も、高く評価される実用文とはなにか、またそれを書くためにはなにを準備し、どのような手順で書けばよいか、ご理解いただけたことと思います。

しかし、単に知識としての方法を知っているだけでは、残念ながら不十分です。実用文を書く能力は、スポーツの能力とよく似ています。いくら水泳に関する技術書を読んでも、泳げるようにはなりません。実際に水に入って、体を動かしてみることが絶対に必要です。実用文の場合もこれと同じで、本書で学んだことを身につけるためには、実際に書いてみることが不可欠です。

しかし、ここで大きな問題があります。実用文には、このとおり書けばよいといった、模範解答が存在しません。確かに、模範的な報告書・企画書、あるいは昇進試験の答案といったものは存在します。しかし、いつどのような場面でもこれを提出しさえすればよい、という唯一の正解はありえないのです。

実際、「例題に挑戦してみよう」では、いくつかの解答例を示しましたが、皆さんが実際に書かれた答案と、ピッタリ同じというものはなかったはずです。したがって、自分が書いた実用文を、なんらかの正解で答え合わせすることはできないのです。

ここに、実用文の書き方を学ぶ際の難しさがあります。

♣ コーチの指導を受ける

この問題を克服する方法も、スポーツにおけるトレーニングの例が参考になります。先ほどから例として取り上げている水泳でいえば、専門家＝コーチの指導を受けることです。実際に泳いでいるフォームを見てもらい、直すべき点を指示してもらうのです。

このことによって、泳ぎ手が水泳理論を間違って解釈している点を、修正してもらうことができるのです。

　文章作成の場合、このコーチの指導に当たるのが、添削です。実際に書いた文章をコーチに見てもらい、問題点を指摘してもらうのです。この方法であれば、唯一の「正解」がなくても、果たして自分が書いた実用文がこのままでよいのかどうか、またよくないとすれば、今後どうすればよいのか知ることができます。

　ただし、この方法は、誰に添削してもらうかによって、効果が大きく異なります。理想的なことをいえば、最終的な提出先になる人に添削してもらうのが一番でしょう。

　しかし、これは現実的ではありません。上司であれ取引先であれ、未完成の実用文を提出して、それを添削してもらうのは、失礼に当たりますし、そもそも相手にそのような時間的な余裕はありません。ましてや、昇進試験の採点者に対しては、試験の公平性の原則からいっても、このようなお願いはできません。

♣論文とはなにか

　そこで添削業者を利用することが検討に入りますが、その選び方はQ34で述べたとおりです。そこに付け加えるなら、実用文にとって一番肝心なのはなにか、その業者が把握しているかどうかだといえます。

　ビジネスパーソンが個人としてこうした業者を必要とするのは、ほぼ昇進試験対策のためといっていいでしょう。したがって、業者が「論文とはなにか」を勘違いしていれば、いくらその業者の添削を受けても、お金の無駄になってしまいます。

　では、論文とはなにか。それはこれまで述べてきたとおり、自説があり、それが論証されている文章です。つまり突き詰めれば、「AはBである、なぜならXだからだ」にほかなりません。これがわかっている業者であれば、所要時間など添削に伴うサービス内容に差はあっても、効果的な指導を行う最低限の能力はあるといえるでしょう。

　それがわかるような案内になっているかどうか、各業者のホームページを比較してみましょう。ただ検索エンジンの順位や、知名度の高さに頼っても、ハズレを引いてしまえばお金の無駄です。同時に業者のサイトを読み進める中で、実用文について学ぶところがあれば、その時間は決して無駄にはなりません。ですから学習の一環ととらえて、十分に検討してください。

Q74 文章能力を高めれば、業務能力も高まるってホント

Answer Point

♣実用文で必要な論理と修辞は、日常業務の中でも活用できます。
♣しかし、論理や修辞を超えた、日常業務に取り組む姿勢がもっとも大切です。

♣実用文を書く能力とビジネス

これまで本書を読み進めていただき、ありがとうございました。ただでさえ忙しい毎日の中で、今やっと読み終わりホッとしているのではないでしょうか。

しかし、せっかく時間と手間をかけてお読みいただいたのですから、これからのビジネスがよりうまく進むよう、役立てていただきたいものです。ですからここでは、いわば「おまけ」として、本書の内容とみなさんのビジネスをつなぐ架け橋を、いささか話すことにしましょう。

♣交渉での強弱

人生は絶え間ない選択と、他者への働きかけの連続です。これはビジネス生活ではなおさらで、その中心は、相手が社内であれ社外であれ、「交渉」にあるといえます。

ここでいう交渉とは、例えば自社製品を採用してもらうとか、意見具申を上司に取り上げてもらうとか、他者が自分の意志に従ってくれるよう、働きかけることにほかなりません。ですから、誰もが、「どうやったら言うことを聞いてくれるのか。その鍵はなにか」を知りたがります。そしてほとんどの場合、その答えは直ちに、頭の中に響き返ってくるでしょう。いわく、「結局、強弱関係だ」と。

他社より高品質かつ低価格でアフターケア万全な製品を提供できる、同僚より仕事が速くて正確で人格も円満である、こうした「強」がそうではない「弱」に勝ち、契約が取れたり昇進していったりする、そうした強弱関係でものごとを把握するのは、確かに正しく説得力をもちます。しかし、ここでちょっと待っていただきたいのは、この真理（といっていいでしょう）が直ちに、自分の置かれた状況に当てはまるかどうかということです。

♣交渉は手間がかかる

　自社製品を外へ売り込んでいくことを例に考えましょう。確かに、価格は競合他社より高いかもしれません。品質が劣り、利便性に欠けるかもしれません。しかし、自社製品がどの視点から見ても、他社より劣っているということがあるでしょうか。

　これは、あるいは、あることかもしれません。しかし、たいていは、自社他社含め同類の製品を置き並べた場合、「この製品はこの点ではよいがあの点では劣る」というように、「ドングリの背比べ」になるでしょう。「いやそうではない。やっぱりダメだ」という場合もあるでしょうが、商品やサービスの魅力は、なにも目に見え、手で触れることのできる事柄ばかりとは限りません。深夜の通販番組ではありませんが、どう考えてもうさんくさい商品が、「知名度」「キャッチコピー」だけで売れていることもあります。

　「交渉」の出番は、まさにここにあります。他のいかなる側面が「まあまあ」でも、「とにかく安い製品がほしい」、あるいは多少高くても、「ウチにはこの機能が欲しかったんだ」といって下さるお客様は、必ずいるはずです。

　もちろん、お客様の好みは直ぐにはわかりませんから、手間暇かけてそれを探る作業は必要ですが、「あなたの求めとウチの製品はぴったりなのですよ」ということがわかってもらえたら、契約成立は半分までできたといっていいでしょう。相手を探り、自らとの接点を探す、その間をつなぐからくりを、考えてみる、これが交渉の第一歩にほかなりません。

♣論理の有効性は

　本書を読み終えられた皆さんには、苦笑しながら「ピン」ときた方もおいでしょう。この、「面倒くさがらず、すぐに結論を出さず、ものごととものごとをつなぐからくりを考える」ことが、すなわち「論理」にほかなりません。

　もちろん、その論理を考える前提は、普段の業務から得られる「情報」や「感触」といったものですから、社内社外問わず、丁寧に自分の足で、相手との接触を保っていくことは不可欠です。

　また、考え込む時間などなく、即断即決で業務を回し、勝負を賭けねばならないことがほとんどでしょう。しかし、石壁を拳で叩いてもどうにもならないことがあるように、いつものやり方で行き詰まったとき、少し視点をずらして考えてみてください。これまでを振り返り、整理し、自他をつなぐからくりがどこかにないか…。

　これはなにも、製品という「もの」だけでなく、皆さん独りひとりの「ひと」もまた、同じであるといって過言ではありません。

♣修辞＝言葉の使い方の有効性と限界

　さて、自他をつなぐからくりが見つかったところで、それを相手にわかってもらわなければ、なんの役にも立ちません。そこで、修辞の出番がやってくるわけですが、この修辞＝言葉の使い方とはいったいどのように行うべきか、本書の中でつかめたでしょうか。

　皆さんは、本書がともかく過剰な表現は不要だと繰り返し指摘してきたことにお気づきのことと思います。なぜこうした指摘をされるのか、首をかしげられたかもしれません。

　その理由は第一に、「文章とは、相手を思いやって書かなければならないから」であり、最終的には、「自分のために書くものだからです。折角の言葉も、相手に読み飛ばされたり、キザだと思われたり、時には相手にわからない言葉だったりすれば、それこそ「おじゃん」です。

♣相手を思いやることで自分の意志を伝える

　しかしここでさらに一歩進めて解説するなら、「文章とは、相手を思いやって書かねばならないから」というのは、なにも道徳的な聖人君子になれ、ということでは決してないと強調したいのです。

　ここでビジネス文書の大目的を思い出してください。

　それは、「相手に意志を伝え、それに従ってもらう」ためのものです。あえて露悪的、つまりワルぶったいい方をすれば、相手を操るための道具とすらいえるのです。ですから、工夫すべきは、いかに「意志を伝え」「納得させるか」であって、「かっこいい言葉を使って自己満足する」ことではありません。

　もちろん、「かっこいい言葉」や「すごい知識」が、出会い頭のハッタリとして効果を現わし、読み手（聞き手）をうならせることはよくあります。しかしそれが見られる場所といえば、おおかたはサギ師まがいの手や口からであって、「その場だけの効果」に過ぎません。

　まともな市民として、ビジネスパーソンとして生きるみなさんと、その取引先や社内との関係では、こうしたやり方がそぐわないのは、いうまでもないことです。したがって、述べる（語る）言葉が平易であって、その中身が人をうならせる価値をもつ文章こそ、みなさんが目指すべきものであるとわかるでしょう。

♣表現の技術ではなく「中身」が大切

　では、うならせる「中身」はどうやってつくるか。それが問題です。人をうならせる中身はうならせる（「なるほどそうか！」）だけに、読み手にとってわかりやすいものであり、わかりやすいもの（「ああそうだったのか！」）

とは、よく整理された「ものごととものごとの関係」にほかなりません。ここで話は、「論理」に戻ってくるのです。

　文章の中で取り扱うものごと、それらがはっきりと描かれ、それらの関係がこれまたはっきりと描かれた文字のつながりを読んだとき、読み手は「よくわかる」し、「その通りだ」と理解もしてくれるわけです。言い換えると文章は、ペンなりキーボードなりを使って記すという作業の前に、取り扱うものごとをはっきりさせ、その関係を整理する作業が不可欠なのです。

　いきなり「書け」と白紙を渡されて、頭の中が真っ白になった経験はどなたもおもちでしょうが、これはいわば当たり前であって、よほどの手練れでない限り、いきなり「書く」ことなど、誰にもできません。これはいくら強調しても、強調し過ぎることがないほどです。

　その、誰にもできないことを無理にしようとするからこそ、意味のない記述（＝読み手がうんざり）を書き連ねたり、かっこいい言葉で煙に巻こうとするわけです。過剰な修辞をしてはいけない第2の理由はまさにこれ、すなわち、そうした言葉を使うことが、とりもなおさず中身のない文章であることの現れだからに他なりません。

　人が文章に「うなる」のは、その言葉遣いよりも、むしろ中身であることを忘れないでください。もちろん、文書によって定まった書式があり、ふさわしい文体はありますし、基礎的な誤字脱字、文法的な誤りがあってはなりませんが、「書けない」という悩みの原因は「書くことがない」にあり、「書くことがない」悩みの原因は「ものごとを見つめ、関係を見つける」作業が足りないことにあることを、是非とも理解してください。

♣論理と修辞を活かすもの

　つらつら論理と修辞について述べてきましたが、仮に文章によって「理解」を得ても、それだけでは役に立たないことは、皆さんもお気づきかもしれません。「お前のいうことはもっともだ、しかしその意見には反対だ」ということはよくあることだからです。これは言い換えると、理解と納得は別物だ、ということになります。

　論理的に正しければその意見が通るように思われている、学術の世界であってもこれは同じで、あいつが気にくわないから同意したくないとか、政治的に面白くないから否定するとか、不毛な議論が延々と繰り返されたりしています。ましてや実社会に生きている我々が、こうした「切れば血の出る」現実から自由でいることなど、あり得ないことといっていいでしょう。

　では、どうすれば、「理解」を「納得」にできるのでしょうか。これは筆

者が申し上げる前に、皆さんはすでにおわかりと思います。なぜなら、実際に現場にあって、業務を進めているのが、ほかならぬ皆さん自身だからです。

それを説明するために、逆のたとえ話を申し上げましょう。論理と修辞に優れているからといって、工学部と商学部と経済・経営学部の先生方を連れてきて、開発から生産・販売までやってもらったら、ビジネスはうまくいくでしょうか。うまくいくかもしれませんが、たいていは失敗するでしょう。

その理由は明らかで、ひとえに現実感覚のなさにあります。このことを実用文の参考にするなら、優れた文とはなによりも、現実と切り離されたものではないことに気づくでしょう。

♣実用文を書く能力と日常業務に必要な能力はつながる

今この文を書いている筆者も、サラリーマン生活が長かったのですが、その経験からもこれは断言できますし、皆さんにも同意していただけるでしょう。やはりビジネスとは、口や論理よりも「実績」だからです。この実績あってこそ、同じ実用文が「理解」に止まったり、「納得」にまで高まることになる、これはいうまでもありません。

しかし、ここで考えていただきたいのは、現実と格闘し、その程度が深いほど、実は優れた実用文が書きやすい、ということなのです。現実と格闘しようとするなら、それだけ相手をはっきり見極めようとする＝実用文で取り扱うものごとがはっきりしますし、格闘の程度を深める＝ものごとの関係・からくりを探り出そうとする作業だからです。

こう考えると、企業の社内試験で課される実用文が、一見普段の業務と関係ないように見えて、実はものすごく密接につながっていることがおわかりでしょうか。

もちろん、優れた業績をこれまであげてこられた方でも、「論理なんて考えたこともなかった」かもしれません。しかし、無意識のうちに、自己と他者、その関係を、把握するよう努めていたことは間違いないでしょう。

そうした方に、「あの取引先はどんな所？」と聞いたなら、たとえ文章にはできなくても、口頭ではスラスラと教えてもらえるのは、実にこの努力のたまものにほかなりません。ですから、普段の業務に精励しているなら、少し考え方を変えるだけで、優れた実用文が書けるようになるはずです。

それは歯の浮くような言葉が並んでいるものでも、聞き手も知り尽くしていることを繰り返してうんざりさせるものでもありません。それこそ「切れば血が出る」ようなわかりやすい文、これこそ優れた実用文であって、同時に普段の皆さんの業務を、文字に表したものにほかならないのです。

Q75 WIEの添削の利用方法は

Answer Point

♣ 数回の添削でも、驚くほど上達した方もいます。
♣ WIEの添削について関心をもたれた方には、是非WIEのホームページをご覧ください。

♣添削利用者の声は

　図表104は、私どもWIE西早稲田教育研究所（略称WIE）に寄せられた、お客様の声の一部です。こうしたお客様は、報告書や企画書が書けない、あるいは昇進試験に合格できないために、長年悩みや焦りを感じてきた方ばかりです。しかし、いずれも数回の添削で、大きな成果をあげられました。

【図表104　添削利用者の声】

> 　御社の研修が終了して、早くも2か月たちました。弊社の営業マンに顕著な変化が現れたことをご報告するとともに、お礼を申し上げたく筆を執った次第です。現在、弊社では、新年度に向け法人用リース機器の営業に尽力しております。その中で、各営業マンが提出する報告書が、昨年度と比べてはるかにわかりやすくなっているのです。お得意様回りに忙殺され、なかなか全員集まっての情勢分析ができない中、報告書から市場動向を把握できるのは、大変有り難いことです。お陰様で、今年は成約のペースが速く、総額も前年を大きく上回る見込みです。
> 　御社の講座は半年間とはいえ、僅か3課題6回の添削であり、正直これほどの効果があるとは思いませんでした。打ち合わせのためになんどもお運びいただいた高田先生をはじめ、添削講師の皆さまに改めてお礼を申し上げます。
> 　寒さ厳しき折、皆さまご自愛ください。
> 　　　　　　　　　　　　　（事務用機器販売・リース会社　A営業長様）
>
> 　ビジネス文章講座の講座の3回目では高い評価をいただき、1月下旬の主任昇格試験に臨みました。対策として所属課長に小論文をチェックしてもらいました。結果、普段から部下の文章に口やかましい課長ですが、3回目の文章を見てもらったところ「このレベルが書ければ、まず大丈夫」との太鼓判をもらえました。
> 　試験では、業務の問題点と解決事例を具体的に書くとの内容でした。そこで、3回目の課題に現時点での成果を加え、論文を仕上げました。結果、主任試験に合格することができ、4月から昇格いたしました。
> 　この講座で学んだ、普段から業務について目的と問題意識をもつ、多くの事

> 柄をピックアップし体系的に整理する、主語述語に気をつける、これらの点の意識をもつと、以前より文章が書きやすくなり、またわかりやすく説得力のあるものとなりました。試験のみならず、稟議書の作成やレポートの作成に役立っております。
> 　今後は普段の業務での文章作成はもちろんのこと、講習会や見学会のレポートも積極的に書くように心掛け、作文の機会を多く設け、自身のスキルアップを図っていきたいと思います。
> 　業務が立て込み提出が遅れまして申し訳ありません。どうもありがとうございました。
> 　　　　　　　　　　　　　　　　　　　　　　　（印刷会社勤務　B様）

　なぜ、このような短期間で大きな効果が生まれるのでしょうか。お客様からは、添削という方法が優れているから、あるいは講師達が優秀だから、とおほめの言葉をいただいています。いずれもありがたいことですが、しかし、より重要なことがあるとWIEは考えています。

　それは、WIEが絶えず文章を読む側、すなわち皆さんの上司や人事担当者の立場で考えているからです。

　これは、WIEが提出する側である皆さんの文章を添削するだけではなく、さまざまな法人の社員研修・昇進試験のお手伝いをしてきた経験によるものです。

　それゆえ企業の担当者から、読む側がなにを求めているのかを知ることができましたし、一所懸命書いた文章でも、全く評価されない理由もわかってきました。

♣まずはWIEのホームページへ

　本書をお読みになった皆さんの中には、WIEの添削について関心をもたれた方もおいでかもしれません。WIEでは、実用文の作成を中心に、皆さんの抱えるさまざまな問題をサポートするサービスを用意しています。

　これについて関心をもたれた方には、是非WIEのホームページをご覧ください。とくにビジネスパーソンの皆さんには、「WIE実用論作文」のトップページ（http://www.wie.co.jp/biz）からお入りいただくと便利でしょう。

　お申込みは、Eメール・ファックス・郵便のいずれかの手段をご利用いただけます。ファックス・郵便用のお申込用紙は、WIEのホームページからダウンロードできます。

　お電話でのお申込みは、事故防止のためにお断りしていますので、ご了承ください。

実用文の書き方を学ぶための図書ガイド

「実用文の書き方を学ぶために、どんな本を読んだらいいですか」とよく聞かれます。「実際に書かなければ文章術の訓練にはならない」というのが筆者の立場ですが、「役に立つ本は意外に少ない」というのもまた実感するところです。

そこで筆者の視点で、「役に立つ」文章術の本を、いくつかご紹介しておきましょう。

野口悠紀雄著『「超」文章法』（中公新書）

筆者がこれまで、最も多く影響を受けた文章術入門書です。文章とはどうあるべきかは、ほとんどこの本の中で示されています。本を読み慣れていない方には、ややとっつきにくいかもしれませんが、実用文のみならず文章を書くに当たって、必読書と言っていいでしょう。

藤沢晃治著『「わかりやすい説明」の技術』（講談社ブルーバックス）

他者に意図をどう伝えるかについて、論理的でわかりやすく解説しています。単に文章のみならず、プレゼンに備えるためにも、大いに参考になります。

宮川俊彦著『昇格する！論文を書く』（角川oneテーマ21）

昇進試験に特化した文章術入門書。筆者とは見解を異にしている部分はありますが、基本的な心構えなど、参考にすべき内容を豊富に含んでいます。

木下是雄著『理科系の作文技術』（中公新書）

技術者の方が、実用文を書く際におすすめします。

鹿島茂著『勝つための論文の書き方』（文春新書）

卒論など学術論文を対象にした文章術入門書ですが、論文の基本や発想法は実用論文にも応用できます。実用論文でも、長大な文章を書く方におすすめします。

三木光範著『理系発想の文章術』（講談社現代新書）

入門書というより学術研究に近い内容ですから、文章とはどうあるべきか、そのからくりはどうかを、より詳しく知りたい方におすすめします。

著者略歴

WIE西早稲田教育研究所

2001年設立の教育・研修機関。特に文章添削に力を入れている。文章添削は、実用文一般の他、大学・大学院入試の小論文、学士・修士・博士の学位論文など多岐にわたる。添削者は、いずれも経験豊富な人材を揃えている。

執筆代表

高田　正継（たかだ・まさつぐ）

1969年生まれ。早稲田大学大学院卒業、文学修士。出版社、予備校勤務の後、西早稲田教育研究所を設立。現在は、ビジネスパーソン向けの講演・執筆等に従事。

西田　京一（にしだ・きょういち）

1959年生まれ。東京大学文学部卒業。出版社勤務を経て、西早稲田教育研究所の設立に参加。現在は、添削全般の責任者。

|改訂版| 一発勝負で必ず勝ち組になる
「ビジネス実用文・試験論文」の書き方Q＆A

2008年11月10日　初版発行
2010年11月22日　改訂版初版発行　2017年6月27日　改訂版第5刷発行

著　者　　WIE西早稲田教育研究所　編著　Ⓒ
発行人　　森　　忠順
発行所　　株式会社セルバ出版
　　　　　〒113-0034
　　　　　東京都文京区湯島1丁目12番6号　高関ビル5Ｂ
　　　　　☎ 03（5812）1178　FAX 03（5812）1188
　　　　　http://www.seluba.co.jp/

発　売　　株式会社創英社／三省堂書店
　　　　　〒101-0051
　　　　　東京都千代田区神田神保町1丁目1番地
　　　　　☎ 03（3291）2295　FAX 03（3292）7687

印刷・製本　モリモト印刷株式会社

●乱丁・落丁の場合はお取り替えいたします。著作権法により無断転載、複製は禁止されています。
●本書の内容に関する質問はFAXでお願いします。

Printed in JAPAN
ISBN978-4-86367-002-0